U0899357

中国纺织出版社

内 容 提 要

每个女人，都渴望沉浸在幸福长久的婚姻中，享受浪漫甜蜜的爱情。然而美好的婚姻和幸福的生活不是坐等接纳与享受。女人要拥有更多的资本，才能经营出美满的婚姻。

本书是女人的智慧锦囊，上篇教会女人如何协调、体谅、交流和驾驭，把握婚恋幸福的核心；中篇从浪漫、关爱、情调、激情、距离、性福等方面，让女人学会感情持久保鲜的诀窍；下篇讲解夫妻相处的智慧，让女人做好爱情的守护天使。同时，本书还介绍了女人由内而外提升修养和魅力的方法，让女人提升自我价值，在爱情与婚姻中掌控幸福。

图书在版编目(CIP)数据

聪明女人婚恋幸福的资本/ 李靖编著. —北京：中国纺织出版社，2012.1

ISBN 978-7-5064-8020-8

Ⅰ.①聪… Ⅱ.①李… Ⅲ.①女性—婚姻—通俗读物 Ⅳ.①C913.1-49

中国版本图书馆 CIP 数据核字(2011)第 230305 号

策划编辑：闫 星　　责任编辑：徐丽丽　　责任印制：陈 涛

中国纺织出版社出版发行

地址：北京东直门南大街 6 号　邮政编码：100027

邮购电话：010—64168110　传真：010—64168231

http://www.c-textilep.com

E-mail:faxing@c-textilep.com

尚艺印装有限公司印刷　各地新华书店经销

2012 年 1 月第 1 版第 1 次印刷

开本：710×1000　1/16　印张：14

字数：168 千字　定价：25.00 元

序言

如果每个人只有一段婚姻，那么这段婚姻大概是多少年呢？据保守计算，如果一个人30岁结婚，生命的终点是70岁，那么两个人要共同生活40年。当然这其中还不包括早婚和寿命延长的时间。也就是说，如果正像每个人期盼的，一生中只有一段婚姻，你要和一个人至少一起生活40年，那么，谁能保证你们在此期间是永远忠实于对方的？谁能保证你们之间的爱情能够持久？除了你自己，没有人能够为你作担保。婚姻可以说是世界上投入最大、风险最多的事业。

但是每个女人都与生俱来地喜欢这样一份事业，女人对于婚恋生活比男人更加热衷、更有热情、更乐意投入而不计产出。对于这样一份投入巨大、风险又高的事业，想要有更丰厚的回报，女人必须要更加精心地经营，付出更多的心血和智慧。

首先我们要建立一个有效的机制，正像任何事业的成功都离不开，成功有效的机制一样，婚姻也需要这样一个机制，即建立共同的有效的生活模式。比如，我们如何沟通，如何交流，如何在交流沟通中达成一致？如果不能达成一致，那么由谁来妥协，怎样妥协？双方都不肯妥协的话，怎样求同存异？怎样理解和包容对方？

协调和驾驭婚恋应该是每个女人的本能，只不过有些女人更富有智慧，让婚恋运行得更加顺畅，让家庭的每个成员都感觉更快乐、更协调，这样就会“家和万事兴”。缺乏机制的规范，两个人就会不断争吵、妥协、反抗。当然这种规范，是两个人之间的默契，不可能在婚前达成一致，但在婚后，要用心去体会、去总结，才能让婚姻更幸福，更顺畅。

除此之外，我们还要学会为爱情保鲜，学会用偶尔的浪漫、用女人的情调来制造更多的激情。学会用浪漫来丰富生活，在现实婚姻中增加一点梦幻色彩，增加一点情调，能够让我们的婚姻生活更有活力，更丰富有趣。

婚姻要靠智慧和细心经营来维系持久。如果婚姻中的任何一方不用心呵护家庭，不细心经营婚姻，那么这份事业就会面临崩溃。

婚姻事业中最难把握的事，就是人的感情变化。人是世界上最复杂的动物，感情的变化则更加令人捉摸不透。因此，想要在婚姻中不受伤几乎是不可能的，然而每个人的婚姻都是痛并快乐着，在伤害中仍然能维持婚姻的稳固，则是一种超级智慧了。

在婚姻中获得幸福，获得人生的圆满，是每个女人孜孜以求的目标。现在，就让我们打开这本婚恋指南，分享成功的经验，从中寻找出更多经营婚姻的智慧，更持久地享受一份婚姻的幸福。

编著者

2011 年 7 月

目录

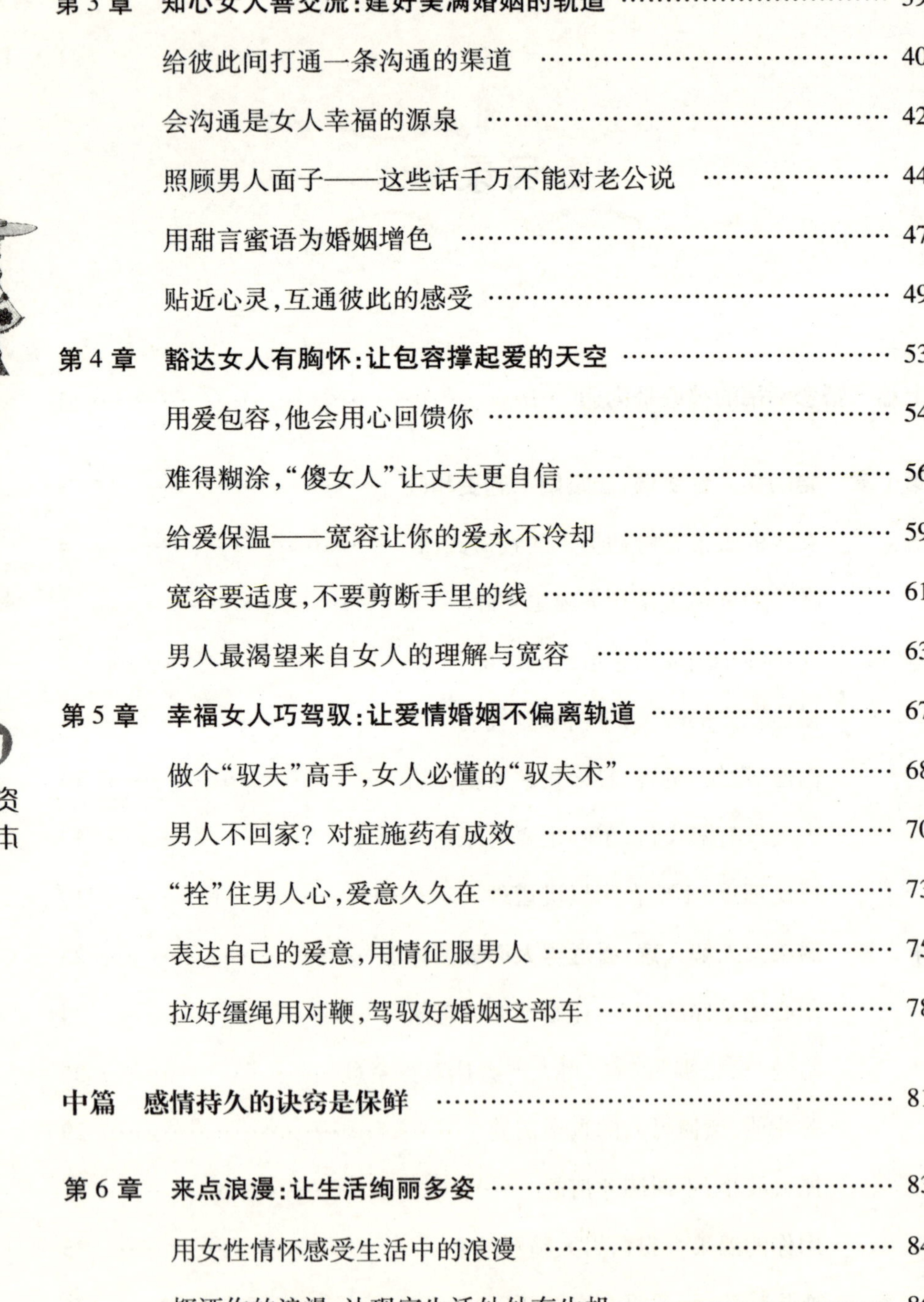

上篇

婚恋幸福的核心是沟通

托尔斯泰曾经说过，“幸福的家庭都是相似的，不幸的家庭各有各的不幸”。我们都希望自己拥有幸福的婚姻和家庭，那么，幸福的家庭有什么共同点呢？

沟通，无疑是幸福婚姻最关键的共同点。善于沟通的人，能够在沟通中找到两个人的共同语言，容易在沟通中相互理解，沟通中使双方的意见、观念达成基本一致，达到求大同存小异。家庭是两个人的家庭，但它毕竟是一个共同体，如果长时间意见不合、各行其是，必定会造成最终的分裂。所以，求同存异在家庭中至关重要，沟通正是达成求同存异的一种方法和手段，能够使心灵相通的两个人在处理日常事务的过程中，尽量避免出现矛盾和分歧，也尽量地减少摩擦，避免了分裂。

夫妻双方的沟通是一门艺术，面对自己朝夕相处的爱人，不仅要特别注重交流沟通，更要进行有效的沟通。由沟通中达成理解，从理解中相互协调，不能够协调的部分，也要学会宽容，才能减少摩擦，增加彼此间的信任，稳固你们的爱情和婚姻。

第1章

聪明女人会协调：让婚姻家庭更和睦

※女人的眼泪是触动男人的致命武器

女人的眼泪是让男人心理防线崩溃的武器，无论发生什么样的矛盾，女人的眼泪总是会激起男人的怜惜，让男人不自觉地想要保护，想要安慰，觉得自己和一个小女子斤斤计较真的是枉为男儿。

女人想要协调家庭成员之间的关系，想要协调和丈夫的关系，不妨利用一下自己的眼泪。既然男人在一切问题上都是强势的，那么女人就有必要示弱，以柔克刚、以弱胜强才是和谐之道。女人的眼泪可以表达很丰富的感情，只要善于控制，就能够让家庭更和谐，夫妻关系更融洽。

眼泪是女人触动男人的致命武器。正因为女人有了眼泪，有了示弱的本能，才能引起男人的怜惜，才不至于被男人的力量和强硬所伤。面对女人的眼泪，男人总会手足无措，不忍心继续和女人争吵下去，总会不由自主地怜惜起女人来，尤其是自己心爱的女人。

女人的眼泪不但可以化解矛盾，消除分歧，还可以使胜利的天平向自己倾斜，博得舆论的同情支持。当男人和女人争吵时，女人的眼泪表达的是自己的愤怒和委屈，男人一看到女人的眼泪，就会冷静下来，后悔自己为什么要和女人一般见识。男人开始责怪自己，自己明明想给她更多的幸福，可为什么脾气一上来就不管不顾地伤害她了呢？等到男人不自觉地生出了愧疚之心，这时女人就会反败为胜了。

哭也是讲究技巧的。不要让自己号啕大哭，越是号啕大哭越容易引起男人的反感。要小声地哽咽，默默地流泪，给他一个微微颤抖的背影，给他一点想象的空间。等他开始冷静下来，开始哄你了，你才可以越想越委屈，越哭越大声，他越是哄你，你的眼泪越是止不住。女人的眼泪，很大程度上是给男人看、让男人擦的，直到把他的心哭乱了，哭慌了，然后才云收雨住，嘴里哽咽着，眼泪还窝在眼眶里，眼圈还红红的，泪痕还留在脸上，却硬是微微的一笑，眼泪又止不住地落下来，这样才惹得男人手足无措，才能让他妥协。事后，男人明明知道自己中计了，可下一次还是忍不住怜惜你，忍不住地妥协、退让，你们之间的关系才会更加融洽，少了很多摩擦和争吵。

人们管男人发脾气叫“发火”，女人的强横、蛮干、对吵，只能是火上浇油。“灭火”什么最有效？当然是水，女人的泪水是最有效的灭火武器。圣经里说，“女人是男人的肋骨，是男人骨中的骨，肉中的肉”，肋骨疼了就会流泪，只要女人学会流泪，让他心疼，男人是完全可以感受到这种感情的。

女人的眼泪还可以表达自己的伤心、失望。当女人哭的时候，男人就会意识到自己让她伤心、失望了，那她会离开自己吗？男人常常会涌起这样的恐惧。坚强乐观、不常哭的女人一旦哭了，就会让男人害怕，害怕她会不原谅自己，会离开自己，这种心情和怜惜是完全不一样的，它会激起男人最本质的恐惧。这种哭当然也是要把握分寸的，也许你真的伤心透了，没有声音，只是默默地流泪，也许连眼泪都没有，只是空洞地抽噎哽咽，却更让人难受，让男人愧疚、害怕。尤其在男人犯了错的时候，更是如此。

女人的哭当然表达的还是一种在乎，一种对爱情的需求，和内心被爱所伤的脆弱。男人看到女人的眼泪，就知道这个女人是真心爱他的，否则她不会因为自己而哭泣。有感情才有伤害，和无关紧要的人争吵是不会流泪的，只会愤恨，只有自己在乎的男人伤了她，她才会哭。看到女人哭，男人也就看到了女人对自己的爱，也会激起男人心中更多的怜惜和柔情。

当然，流泪也要有分寸，你尽可以热泪滂沱、梨花带雨，却绝不能号啕大哭。女人的号啕大哭引不起男人的怜惜，只能引起男人的反感。号啕大哭常常和做戏联系在一起，和无知泼妇联系在一起，和干号联系在一起，没有任何美感，更不能触动别人的感情。能够触动内心的哭，常常是默默地流泪，是冰冷的脸颊，是红红的眼圈，是哭红的鼻子，绝不是哭的声音。

女人想要协调一个家庭，就要学会示弱，懂得怎样让别人心疼。只有对方心疼你，不忍心让你受委屈、受伤害，家庭关系才能更和睦，女人才能更幸福。眼泪正是维护家庭和谐最好的润滑剂。

融洽的婆媳关系让夫妻更和睦

民间俗语说"十对婆媳九不和"，婆媳问题，向来是导致夫妻关系不和睦的重要因素之一。婆媳关系令很多走进婚姻的女人非常困扰，男人也常常为之头疼。很多离婚的女人都表示，如果排除婆婆的干涉，她们会考虑和丈夫复婚，可见婆媳问题是多么严重。想要家庭和谐，婆媳和睦是女人首先关注的。

很多媳妇之所以和婆婆关系不好，是认为婆婆不公平，比如，为什么帮小姑、嫂子或弟媳带孩子，却不帮自己？因为不公平而造成的婆媳矛盾是最普遍的。其实想一想，也是完全可以理解的。社会上的孩子普遍是老人带，或者妈妈带，婆婆帮女儿带孩子完全是出于亲情。毕竟"血浓于水"，妈妈帮女儿分担是合情合理的。所以，这点完全不用嫉妒，追求绝对的公平是不可能的。再者，妯娌之间也没有绝对的公平。对于婆婆来说，儿媳妇都是一样的，感情也无所谓远近，哪个嘴甜，哪个会来事，自然就格外受宠。婆婆对你不如对别人好，你要在自己身上找原因，不必心存忌恨，五个手指头伸出来还不一样长呢，何况是人心？

婆媳不睦当然还有其他原因，比如，和婆婆有观念上的差异。时代在发展，观念也在与时俱进：对于上一辈人来说，服侍自己的老公是天经地义的，而对于你来说，男女平等才是天经地义的；对于他们来说，结婚首要的任务就是生子，而对于你来说，生子是需要计划的；对于她们来说，儿媳必须听命于长辈，对于你来说，道理比长幼顺序更重要……如此种种，致使婆婆看不惯年轻人的行为，而媳妇也看不惯婆婆的思想。

对于金钱的支配的问题。比如，婆婆很可能觉得花一大笔钱出去旅游，参加户外运动根本就是浪费金钱；一年换一部手机根本没有必要；丝袜坏了一个小洞，补补还能穿……她们觉得年轻人不应该毫无节制大手大脚地花钱，你却觉得花钱去追求自己理想的生活并没有错；你更喜欢做个月光族，婆婆却觉得你是在败家。对于金钱支配方式的不同，也会造成两个人的矛盾。

再者就是关于下一代的教育问题。很多老年人都喜欢攀比，比如，谁家的孩子能背唐诗三百首，谁家的孩子都会算数了，谁家的孩子会弹琴了等，你却觉得孩子之间各有不同，应该顺着他们的天性发展；或者说老人总是溺爱孩子，对他们千依百顺，你刚教育孩子一句，孩子奶奶马上跑过来把他抱走了，或者直接跟你吵起来了，让你特别被动。这些也会让你大为光火，让你们之间产生矛盾。

那么，这些问题怎么解决呢？怎样才能让你们之间的关系更为融洽，家庭更加和谐呢？以下几点是需要注意的：

★拉开距离，尽量不要和老人住在一起，相处的时间少了，摩擦也就会变少，即使相聚，大家也珍惜相聚的时光，不会随意破坏。但是现在独生子女多了，很多独生子女还是选择和父母住在一起，这就要求儿媳妇在和婆婆相处的时候，尽量要保持一定的心理距离。一定要意识到自己的身份和立场，不要说一些逾越本分的话。

★彼此尊重。乖巧的儿媳妇更容易讨婆婆喜欢，对于分歧不是很大的事，不妨听从老人的意见，让她显得更有威信，也就更容易接纳你。

★利用和其他家庭成员的关系拉拢婆婆，这是从古就有的智慧，从这首诗中就能略窥一二："三日入厨房，洗手做羹汤。未谙姑食性，先遣小姑尝。"

★适当满足老人正常的心理需求，培养"分享爱的能力"。比如，在家庭气氛比较愉快的时候，夫妻两人一起，多陪老人拉拉家常，听听"老人教诲"。

★在物质上表现出自己的"孝顺"。如果总是一味地嘴甜，却从来没有真正的行动，还想着从老人那里拿到更多好处，肯定会让老人反感。老人的心理是特别容易满足的，你只要在他的身上花十几块钱，几百块钱，她也会感觉到比较欣慰，感觉到晚年生活会有保障。

★夫妻间需要建立"夫妻联盟"。如果和老人意见不一致，并且老人的做法明显欠妥当，夫妻俩要坚定地站在一起，想办法和老人沟通解释，决不当面互相拆台。当你们两个产生矛盾的时候，最好内部解决，不要迁怒于老人，更不要寻求老人的调节与支持，否则会更糟。

通过这些手段，就能够最大限度地避免婆媳矛盾的爆发。当然，婆媳矛盾不可能根本消除，但是通过你们彼此的努力，会让婆媳间的矛盾隔阂尽量缩小，使双方的关系尽量和谐。

✻让小吵小闹成为感情的润滑剂

很多人都觉得，吵架会伤感情，两个人在一起，没有争吵是好事，所以总是拼命地压制自己的怒气，尽量体谅对方，避免争吵，殊不知，一味地不争吵也未必是好事。

如果两个人总是在制怒，每一次生闷气都不能发泄出来，自己心中的那股气会越来越大，越来越多，对于对方的不满也会慢慢地积攒起来，直到有一天突然爆发，那就是不能控制和收拾的情况了。所以，聪明的人会把争吵看做是感情的润滑剂，不是一味地避免，而是把争吵控制在自己能掌握的范围内，用来疏导自己内心的不良情绪。

这就像治水，治水的根本在于疏导而不是防堵，防堵的结果只能是越堵水潮越汹涌，最后堤坝不堪重负，大水汹涌而出。理智就是人头脑中的堤坝，如果只是一味防止争吵，一味加强自己的理智，迟早理智会不堪情绪的重负，人被负面情绪冲垮，负面情绪的总爆发，会让两个人的关系走向破裂。而适当的争吵，则是疏导的方法，它可以让自己的负面情绪有一个发泄的通道，定期、适当地泄洪，可以避免总的爆发，不失为调节情绪、调节两人关系的一个好方法。

随着生活步伐的加快，和社会竞争的加剧，现代人背负了越来越多的压力，尤其是在职场上拼杀的白领们，更是每天都提防着被裁员，每天都努力争取更好的职位，每天都工作得战战兢兢，唯恐一朝失去生活的来源，压力可想而知。越来越激烈的职场竞争对个人的生活也会有一定的影响，家庭的氛围可能会因此而变得压抑，有时吵架成为一种宣泄压力和内心不满的方法。

男人很少选择把自己的挫折、不满向女人诉说一通，尤其当他们的妻子因为自身的压力很困扰的时候，他们就更不忍心向她们诉说，增加她们的烦恼。有时候，妻子们也会因为过于忙碌而忽略了丈夫，男人就会像一个被忽视的孩子一样，用争吵的方式，引起她们的注意，或者宣泄内心的压力。请记住，男人的争吵不一定是因为对你不满，一个骄傲的男人受了委屈的时候，只能向他最亲近的人发脾气，而你正是他那个最亲近的人。

除了宣泄压力，争吵还有其他好处。争吵的时候，每个人都会把自己内心真正想说的东西说出来，事后就会发现，彼此对对方的理解又更深了一步。吵架的时候，大家无所顾忌，往往会数落对方的缺点，冷静下来，就能够明白自身的很多问题，明白对方希望受到怎样的对待，这些问题往往是平时在甜蜜生活中人们意识不到的。

比如，平日你觉得他不够体贴，但是又觉得那可能是男人的粗心或工作的压力造成的，一直忍受着，当吵架的时候你就会哭诉“你从来不顾及我的想法，不体贴我”，然后他就明白自己哪里做得不够好。这样你了解了他的心思，他也了解了你的想法，你们以后相处的时候就会尽量避免对方生气的事，双方的感情也会更甜蜜。人们往往争吵的时候互不相让，满肚子的怨气和闷气，可吵完后，感情反而比之前更融洽，这大概就是争吵的神奇之处。

争吵还会让你看到爱情的意义。吵架的时候，我们往往会负气地说，“不行就分手”，“分手就分手”……然后，女人开始痛哭，男人开始抽烟，你们开始思索要不要分开的事情，最后会发现，你们还相爱，你离不开他。吵架其实是一种休息,是一段感情的休息。正像得过病以后才知道健康的好处,夫妻在吵过架以后,才知道对方多么重要。心静下来,你才会发现对方平时的诸多好处,才能体会到他的重要性。

梅和林是一对夫妻,因为争吵了一次,两个人开始冷战。两天以后,梅开始知道,林到底为她做了什么:早上再也吃不到美味的早餐,刷牙的时候,才发现上面没有牙膏,平时都是林帮她挤好的。衣服再也没人帮着洗,晚上十点下班还要自己洗衣服,自己做消夜,睡觉的时候,被子还是凉凉的。而林也不好过,抽烟的时候,再也没有温柔的小手帮他点烟,屋子里也不再有梅轻柔的歌声,再也没有梅小女孩般的娇柔的笑声。他看到梅在偷偷地哭泣,于是忍不住拉住她的手,轻轻安慰她。事后他们知道,对方为自己付出了很多,彼此都离不开了,两人的感情更加深厚。

相敬如宾的爱情固然可贵,但是因为少了一点激情,反而会让感情渐渐地趋于平淡,最后变得可有可无,相敬如宾变成"相敬如冰"。而争吵却像是生活这道菜中的一点辣椒,虽然不是必不可少,但是多了它,也就多了一份刺激,多了一份新鲜,多了一份味道,也许让爱情变得更加有激情。

摸透双方的脾气,平衡家庭气场

俗话说"家和万事兴",女人要想幸福,就要懂得平衡之术,以维持家庭和谐。想要维持家庭的和谐,摸透两个人的脾气是根本。懂得对方在什么情况下易发火,才能躲避他的火气,又能够发泄出自己的委屈;懂得什么时候退让,什么时候撒娇,才能把丈夫的满腔怒气、戾气化为祥和,这是最根本的协和之道。

通常男人的脾气比较火暴，且刚硬、强势，不擅长变通，尤其在气头上，他们是不会自然消火的，一旦惹得他们发了怒气，就很难轻易收场。女人应该懂得这一点，不要随意地怀疑他们，唠叨、挑剔也只会惹怒他们。可以说对于女人的唠叨，一般的男人还是可以忍受的，除非达到了一定的极限。而女人的脾气，通常比较细腻、温柔，虽然很爱借势找茬，但是一旦男人发起脾气来，她们倒比较能够忍受。女人还善于以柔克刚，明明某件事是自己的错，她们娇娇柔柔的一番解释，反而让男人觉得自己太过分了，甚至为此而过意不去。

总之，男女双方都要摸清对方的脾气，平衡家庭气场，制造一个温馨和谐的家庭氛围。学会用幽默和智慧、变通和圆融来经营家庭氛围的人才是最聪明的女人。这样的女人知道什么时候男人要发火；什么时候可以刁蛮任性一些；什么时候可以“欺负”他，而不惹他生气；什么时候最好让他独自待着，不要打扰他。这样的女人，她的家庭也是和谐的，尽管也有一些小小的吵闹，但她会把它控制在能够润滑感情、发泄压力而绝对不会伤筋动骨的程度上。

那么，为了做到这些，我们要摸透自己和爱人的哪些情况呢？

★了解双方的禁忌：总有一些事是你们不喜欢对方提起的，是你们的禁忌话题。比如，你的初恋情人，当初你们之间的感情等。也许随着关系的发展，你把它告诉了对方，但是自己再也不愿回忆起它。如果对方一再提起，甚至为此大吃飞醋，仔细盘问你们的交往状况，你肯定要发火。对于曾经的美好和伤痛，每个在婚姻中的人都愿意一辈子把它埋进心里，只是为了坦诚才会告诉对方。女人也一样，不要纠缠于男人过去的事，即使他有再多红颜知己，但今天他属于你，这就够了。年少轻狂时，每个人都会做一些糗事、犯一些错误，这些都是他不愿回忆或提及的。对于感到难堪的事，男人羞于启齿，女人最好也不要提起，懂得双方的禁忌，才能保证你们不会误踏雷区，才能保证婚姻幸福。

★懂得双方的极限。每个人的承受能力都是有极限的，平时你觉得向他吐再多苦水，唠叨再多琐碎的事，他也不会发火。而今天你只是轻轻发了一下牢骚，他就火大了，这不仅仅因为今天他心情不好，很可能是他受够了你的牢骚。有句话说“压垮骆驼的是最后一根稻草”，骆驼可以负重，但是绝不是毫无限制的，一根一根地放下去，总有一根稻草会把骆驼压垮。所以，不要让自己的一句话、一个无心的动作成为压垮骆驼的最后一根稻草。你可能会感到无比的委屈，可能会和他大吵一通，或者争执不休，但是这有什么意义呢？聪明的女人总是会在男人即将发火的最后一刻，停住她那张喋喋不休的小嘴，在他失控的前一秒，及时地拉住对方的缰绳。她们有什么秘诀吗？当然是长期生活在一起，了解了对方可以承受的极限。

★懂得观察双方的情绪，也就是会看人脸色。今天他高不高兴，为什么？有一个人在你兴奋或委屈的时候，柔柔地问一句“今天有什么高兴事吗?”或者“心情不好吗?”你会觉得格外地温暖和贴心。做对方的解语花，和对方培养情绪上的默契，是每一对夫妇都应该修炼的课题。

★弄清双方的脾气。是火暴还是柔软？是发顿脾气就雨过天晴了，还是总是把心事藏起来，心思很重？对于脾气火暴的人，让他自己发泄一顿就可以了，你不理他，他发泄完心中的郁闷也就没事了，你越理他，和他吵，他的情绪越激烈，越生气。对于性格内敛、心思重的人，要善于观察、善于开导，甚至要鼓励他把心里的话以吵架的方式说出来。定期清一清心中的郁闷，否则时间长了，他会真的憋出病来，或者来个总爆发，事情就没法收拾了。

总之，能了解，才能协调，才能平衡。家庭是两个人甚至多个人的家庭，只注意自己的情绪、自己的好恶而不管对方，就难以协调；协调不好，整个家庭的运转就会出问题。正像一部机器，各零件之间协调不好，就会出现摩擦，出现毛病，严重了还会瘫痪。了解双方，摸透双方的脾气，就是让婚姻这部机器协调运转的好办法。

沟通、理解、宽容，轻松化解家庭矛盾

有人的地方就有矛盾，有矛盾的地方就有争论，因为亲情的羁绊，家庭应该是一个矛盾、争论最小的地方，但也不可能没有。居家过日子，不可能没有争吵、没有矛盾，但怎样看待这个问题，怎样解决家庭中存在的矛盾，则是很需要智慧的事情。

对于家庭中存在的矛盾分歧，要怎样解决呢？家庭中的重大决策要听谁的？谁才能够真正的当家做主？有的女人为了取得当家的权利，会忽视甚至违逆丈夫和家人的意见，直到矛盾越来越大，越来越不能解决，分歧越来越多，夫妻、家人之间不能相容，越来越对立，最终家人之间就会产生无法逾越的鸿沟。这时再做弥补，已经晚了，感情的裂痕一经形成，要缝合好它几乎是不可能的事。

怎样化解家中的矛盾、解决家庭成员中存在的分歧呢？

★首先要弄清楚出现矛盾的原因，是家庭代沟还是看待问题的侧重点、立场不一样？或是本身想要达到的目的不一样？有的时候对于一件事，在短时间看来，的确对家庭没有明显的利益，甚至会带来不便，但是从长期看来还是有好处的，只要有充分的沟通，意见就能达到一致。当初我和爱人就因为是否为孩子入一份长期保险而发生了争执，因为当时的确经济紧张，但并非不能负担保险金额，只不过会使经济压力大一些而已。经过充分的协商，我们一致都认为小孩子必须有自己的保障，但是何时参加保险，则等待我参加工作以后，双收入的经济保障才能够不让我们捉襟见肘，同时才能预防不测。这样通过心平气和的沟通，我们知道了双方产生矛盾的症结所在，也就顺利地解决了矛盾。

★要互相尊重，彼此之间宽容理解。用理解和沟通的方式，弄懂彼此的意图，如果意图是一致的，采取什么样的方式达到这个目的，则不妨各行其是，用各自的方法去达成目的。比如同样是为孩子好，爷爷奶奶们更喜欢溺爱孩子，而父母们则更理智。如此，就不妨让老人在生活上照顾孩子，如果他们对孩子过分宠爱，百依百顺，就需要父母们采取智慧的手段来干预。比如借口老人太劳累，把孩子放在托儿所照顾，在周末的时候偶尔让爷爷奶奶照顾一两天。能宽容，能理解，更要有智慧、有方法，否则只能激化矛盾，破坏家庭和谐。

★当家庭之间出现“家庭代沟”式的矛盾时，做小辈的要能够理解父辈的苦心。不妨设身处地地为对方想想，如果能做到角色互换，体验一下对方的感情，就能够改变自己的一些固有看法，让整个家庭都能够和谐。再者，有的老人和年轻人的意见不同，并不是真的故意发难，也不是真的有分歧，他们只不过想借这些小事，重申自己大家长的地位，希望小辈尊重自己，听自己的话。这时，如果没有涉及原则问题，小辈们不妨表现得乖巧一些，也许他也会出现让步，并不再坚持己见。

★和家人之间建立“共同语言”。例如有些家庭中家长见多识广，处世经验丰富，可以通过与子女的交流来传授给他们；而子女也颇具一些现代知识、技能，如电脑的使用，也可以传授给家长。这样通过互相交流、互通有无，双方不但能完善自己，而且两代人在社会变革的潮流中，差异也会缩小，冲突便随之消失了。

★调解，如果家庭中真的出现了不可化解的矛盾，双方彼此都不理解也不愿让步，那就需要及时的调解。调解中，一定要以情动人才能够打动双方，让大家各自让步，达成一致意见。感情和面子是矛盾解决的两大障碍，很多的家庭矛盾，都是一些小事、小误解积累造成的，但是碍于面子，谁都不想说出来，时间长了难免造成怨恨，产生分歧。这就要求人们在调解矛盾的时候，要就事论事，不能追根究底，把盘根错节的矛盾纠纷都扯出来，这对双方都没好处。要把感情作为互相谅解的重要依据，想一想能够感动双方的事，提醒人们曾经的爱情、恩情、亲情，就会使矛盾缓和，使双方各让一步，达成和谐的目的。

总之，对待家庭矛盾，要在正常的心态下，加强理解和沟通，尽量让家庭的各个成员为共同的目标而努力。在矛盾纠纷中找到双方共同的目标和价值取向、行为方式；而对双方的生活习惯、感情习惯等存在不同的地方，也要彼此包容，只要不涉及原则问题，完全可以“存异”，让人们的感情去包容那些自己不能理解的事情或改不掉的小缺点，用积极因素消除消极因素，才能达到调和关系、解决矛盾、维护家庭和谐的目的。

※夫妻没有隔夜仇，争吵也要有原则

许多人认为，牢固的婚姻、恩爱的夫妻是不存在争吵的。其实，“无冲突婚姻”只是天方夜谭而已。有些夫妻在外人面前可能表现得十分温柔、协调，但私下里难免在无法妥协的问题上发生重大冲突。

有的人则认为夫妻之间适当的争吵，可以使感情更甜蜜。但是，无止境的争吵只会使家庭气氛变得日益紧张，两个人的感情也陷入泥潭。的确，争吵不可避免，但是我们也要吵得有分寸、有原则，争吵的目的是放松压力，沟通情感，冷静思索，而不是越战越烈，或者从热战到冷战，复到热战，无休无止。

★首先，我们要明确争吵的目的：或者是实现某件事情的协调一致，或者是沟通的一种方式，或者是了解对方的想法。总之，争吵的目的绝不是伤害对方、侮辱对方，更不是破坏家庭氛围，让彼此间的关系更紧张，没有人在吵架的一开始就决定伤害对方或者离婚，所以争吵的结果往往是在争吵中我们毫无节制地伤害对方引起的。所以想要吵架控制在一定范围之内，就要遵守一些规则，才可能不伤害对方，才不至于造成不可挽救的结果。在此提议，夫妻们不妨制定一项夫妻吵架守则，有默契地争吵，才会在婚姻中越吵越甜蜜，感情越吵越牢固。

★吵到什么程度：必须点到为止。作为他的亲密爱人，你一定知道他对什么最敏感，最嫉恨别人嘲笑他的哪些缺点，最在意什么人、什么事，他的心理承受能力如何，他的极限在哪里。了解了这些以后，你就要在争吵的过程中尽量避免让他感情受到伤害，吵到一定的程度就必须停止了，不要再火上浇油，让彼此都冷静下来思考。

★在什么时间吵：当然最好在白天，晚上会影响彼此的睡眠，影响邻居的休息。有的人主张性生活前后不宜争吵，因此约定，不许把争吵带到床上。当然，也有的人认为要把有争议有分歧的问题带到卧室去解决，因为语言商量不通还可以借助行动商量。这当然要视个人情况而定，把性作为一种协商手段或者惩罚手段我本人虽然不赞同，但是很多夫妻的确在这样做，而且效果不错。所以，本人主张，可以把性作为一种协商手段，或者是沟通手段，或者是让对方妥协的手段，但不赞同把它的不发生作为一种惩罚手段。尽管这是女人很常用的一种手段，但它是非常错误的，如果双方都能够接受，不妨把它当成一种非常规但有效的逼对方妥协的手段。

★ 在什么人面前吵：建议单独只有夫妻两个人的时候再吵。男人是很爱面子的一种动物，如果妻子当着别人的面和他发生争执，常常会使他下不来台，伤到他的自尊。争吵的时候最好只有两个人，尤其不要在父母和孩子面前争吵，否则会影响到他们的情绪。当父母、儿女好心劝架时，可能会波及无辜的他们。当然，对于有暴力倾向的男女，为了防止意外，最好还是在人前吵，如果造成重伤好在还有人会报警。

★争吵中应避免的语言：少说不留余地的话，比如“不管你同不同意，我都要这样做”；不要辱及对方的父母和很敬重的人；不要辱及对方的生理或心理缺陷；避免骂人的话。

★争吵中应该避免的行为：不要由争吵升级为打斗，这完全是为了女人们着想，尽管你们的指甲很长，鞋跟又高又硬，但是你们的力气太小了，招式也只有固定的几招，完全不是男人们的对手。如果争吵已经不可避免地上升到了打斗，那最好不要有抓脸的行为，也不要朝着脆弱的地方下手。

★吵后如何处理：女人最好不要以“离家出走”、“离婚”相要挟，要知道争吵的目的绝不是离婚而是希望对方妥协，更和谐地过下去。但是如果女人提及了男人最好重视，立刻悔过，千万不要说“那我现在就去拟离婚协议”，否则就无法收场了。吵后男人最好首先求和，女人如果注意到男人发出的求和信号，最好就顺着台阶下来，不要不屈不挠。有理解和好信号的能力，比如，男人重重地把茶杯往桌上一放，不要理解为他在生气，最好理解为他希望你给他倒水；男人开始打扫你们摔坏的杯碟，说明他的气已经消了，这时候可以开始哭泣，给他一个求和的机会。毕竟让男人拉下面子说“老婆别生气了”还是不容易的，给他一个悔过的借口吧。

总之，夫妻间的吵架，也要吵得有水平、有原则，最好能增加感情，起到打情骂俏的作用。不要因为一场争吵而影响到你们的感情和生活，这是争吵应该遵循的最大原则。

✳情比理重，不要在家里讲道理

人们常常说“清官难断家务事”，就算是再公正的法官，也不可能把家务事整理得清清楚楚，明明白白。为什么“清官难断家务事”呢？因为法官断是非，依据的是律法，断的是道理。然而在家庭这个社会单位中，感情占了首要因素，甚至比公正更重要，家本就不是讲理的地方，是情比理重的地方，就算是清官又怎么能够断得清呢？还是由当事人自己处理最合适。

两个人当初相互爱慕，最终结为连理，难道是因为公正、公平吗？不是，女人之所以喜欢男人，要嫁给男人，是因为他疼爱自己，对自己好，让自己有安全感；男人之所以和女人结婚，是因为觉得对方可爱，对自己关怀备至，能让自己感觉温馨和舒适。双方结合为的是感情，日子过得好不好，还要看个人的修为和双方的努力，绝不是凭着讲理就能解决所有事情。

爱情本来就不是那么理智的事情，否则世上多的是乖巧肯听话的女孩子，他为什么偏偏爱上了有点任性、有点泼辣还有点倔强的你呢？世界上有很多风度翩翩、伟岸的男子，你看上的为什么却是其貌不扬、平凡无奇的他呢？决定和一个人携手过一生，本来就是最不讲道理、最没有公平可算的事。恋爱讲的是缘分，结婚讲的却是情分，是默契，是"一个愿打，一个愿挨"的事。

选择和对方结婚，每个人总有自己的原因和考量。无论这个原因是深刻还是肤浅，你们终究组成了一个家庭，这个家庭承载了你们共同走过的风雨、甘苦，承载了很多的情感。这些情感难道是公平可以衡量的吗？是用道理可以表达的吗？家庭中承载的本就是这些感性的东西，如果用理性来对待家中的关系，一切用理智和价值来衡量，就轻视了这份感情。

那么，当初那么多的爱，又是怎样变成今天的斤斤计较，变成今天的据理力争呢？结婚的初期，夫妻两人从两个截然不同的家庭走出来，走入一个共同的家，这时候最容易发生争吵，原因很简单，不过是生活习惯的不同、价值观念的不同、性格的差异等，很难用对和错来判断。所幸的是，那时还有甜蜜、浓厚的爱情来掩饰，你们之间的矛盾还可以用爱来化解。

随着彼此在生活上的熟悉，你们之间逐渐地了解了适应了，但同时爱情也变淡了。你们常常因为鸡毛蒜皮的小事和对方争吵，抱着自以为是的理论和偏见，感情就在这样的争吵中淡化，使家庭和爱情蒙上了一层阴影；你们算计太多，心思太精明，却渐渐地把爱抛到了脑后；你们总认为对方太懒，没有尽到应尽的义务，没有承担应负的责任，却忘记了自己也是如此，你觉得委屈，觉得不公平，却忽略了对方的感受……彼此无止境的伤害，只会使夫妻两人渐行渐远。

其实，很多夫妻间的事情是没有是非对错之分的，常常是“公说公有理，婆说婆有理”，甚至是“公道不公道，只有天知道”。可是公道有那么重要吗？道理有那么重要吗？只要两个人相处得好，各自尽好自己的责任，就算对方任性一点又怎么样？你退让一点又会有什么损失？如果每一对夫妻都能从对方的角度去考虑问题，那就不会把自己的大道理讲得头头是道，只管是非对错而不肯低头，也就不会出现伤害对方感情的事了。

请记住，家不是讲理的地方，夫妻也不是讲理的关系，放弃自己的偏见和固执吧，放弃那些所谓的大道理吧，因为道理和争辩从来不能让任何人屈服，要记得用爱情来维系家庭的和谐。

温柔女人解人意：看透男人心思多体谅

＊用心感受你的丈夫，让婚姻充满理解

每个女人都是不一样的，每一个女人的另一半也是不一样的，婚姻中没有固定的相处模式，一千个女人有一千种婚姻模式，不是所有的经验都能够借鉴。能够借鉴的不是经验，而是内心感受，只要你用心，就能够了解丈夫到底是一个什么样的人，到底需要什么，你们之间的婚姻合不合适。

男人是马，再烈性的马，只要御夫有术就能够很好地驾驭，而女人是猫，就算再温顺的猫，有时也难免会跳起来抓你一下。男人是数学，再复杂的东西也能够用九个数字和几个公式来概括，女人则是语言学，不但种类繁多，就算只研究一种也要花掉大半辈子的时间。也就是说，再复杂的男人也是有规律的，他肯定能够被分类，属于他的花招也很容易就被拆穿。和男人相处最简单不过，只要你明白他的类型，明白他内心的真实需要，明白他在想些什么，明白他的沟通方式，就能够掌握和他的相处方式。

女人要用心去看自己的丈夫，用自己的爱心和真心去了解丈夫的行为方式，从而来决定你们的相处模式。当然，用心看不等于不给别人留隐私和空间，看待男人过浅和过深都不好，过浅，流于表面，你就会觉得男人很俗，不理解他们的行为方式，从而产生误会和悔恨；过深，你就失去了和他一起生活的勇气和乐趣。

看待自己的丈夫要保持一个适当的距离，要用自己的真心换取他们的真诚。夫妻之间没有必要锱铢必较，但也没有必要一定把真实的一切呈现给对方，只要有足够的诚意就可以了。男人需要坦承但更要自尊，自尊是他

们最重要的东西,尤其在女人面前。

怎样用心了解自己的丈夫,并用一个女人的眼光去理解他呢?

★用心去观察。比如,丈夫下班一回家,是怒气冲冲地进了卧室,还是疲倦地倚在沙发上闭着眼睛不动?是兴奋地大呼小叫,还是默默地走进客厅坐下?是饶有兴致地呼朋唤友,还是一直在逗自己的孩子?掌握男人细微的情绪变化,就可以知道他一天的工作是否顺利,你们适宜在家中进行哪些活动。

★认真倾听男人的心事。男人很少会跟自己的妻子进行心灵沟通,一是男人觉得在女人面前要留有一定的威严,习惯性地伪装坚强;二是即使男人有心事,也更愿意和自己的哥们儿或兄弟来分享,而不想给自己的妻子带来烦恼。所以,男人的主动倾诉表明他遇到了极重要的事情需要你的支撑,或者把你当作心灵上最亲近的人。如果你失去一个倾听的机会,你也就失去了走进他内心的机会。

★认真对待丈夫的询问。尤其是在突兀的时间突然的询问,一定要耐心地回答,不要敷衍他。比如,在深夜,你已经进入了梦乡,他突然弄醒你问:“你还爱不爱我?”;再比如,当他的一个极优秀的同性朋友在你家做客,对你流露出极大的欣赏和兴趣,而他问你对他的观感时;当他做了一件自觉很屈辱的事,问你对他的行为的看法。当他询问的话题十分突兀,或者态度很郑重、很紧张的时候,你就要注意了,这是他很在意的事。你可以开玩笑,也可以郑重地回答他,但是不要敷衍他。

★当你不理解丈夫的行为时,你可以保持沉默,也可以要求他解释,但不要追根究底。男人世界的东西本来就有很多是女人无法理解的,既然做出了某种选择,他必定是有自己的理由。男人与女人本身就有讲不清的区别，不要问为什么，只要你明白：他只想让你知道这些，或者你只能理解这些，你只要选择好自己的态度就可以了，是跟他共同进退还是拒绝他？

用你的内心去感觉你的另一半，可能不仅仅要用到你的眼睛、你的耳朵、你的嘴，还要用你对他的信任、依赖、你的感情来看待他。既然他是你的“爱人”，是你用心爱着的人，你对他所有的了解和理解都是非常合理也是非常重要的。

用心去读懂你的另一半，也就能协调好你们之间的相处方式，处理好你们之间的感情和婚姻。

给爱“松松绑”，“看”得太严会让双方窒息

有人对丈夫的定义做了一个有趣的解释，“所谓丈夫就是，他在一丈之内是你的伴侣，在一丈之外他是谁就由他自己决定了”。这样的解释大概就是在告诫女人，不要把自己的丈夫看得太严，不要把婚姻逼得太紧，否则就会把你的婚姻逼到绝路上。

有的女人习惯性地希望丈夫工作之外的时间能够时时刻刻待在自己身边，否则就觉得他有出轨之嫌。很多时候，我们都会看到这样的景象，几个男人聚在一起，突然，某男的手机响了，男人为了面子赶紧躲进卫生间讲话。“你在哪呢？”“我和几个朋友聚会呢！”“有女人没有？”“没有。”“那怎么这么安静呀？”“我在外面跟你讲话。”“那怎么你气喘吁吁的呀？”“我刚跳完一段快舞。”然后就是女人的唠叨和男人的不耐烦。可以预见的是，一场家庭大

战就此拉开了序幕，夫妻之间的信任愈加淡薄了。

女人应当给予男人一定的空间和信任，这样才能使他感觉到尊重。如果你感觉他真的很不对劲，不应该从语言上进行求证，应该先观察他的行为，然后再决定如何做。

男人在家庭事业之外，还需要其他的空间，比如和他的铁哥们儿一起侃球，和他的同学或者好朋友们一起参加聚会，或者和异性知己高谈阔论，享受她们欣赏的目光……这并不代表你的丈夫有出轨的倾向，只能证明他希望享受男人所有的权利，希望享受家庭以外的乐趣。这是他前进的动力，也是他业余休闲的一种方式。有的女人并不理解这些，和丈夫一起上街，男人对哪个漂亮女人多打量了两眼都要引起她的疑心，这样的女人不是对爱情看得重，只是不够自信。

女人对丈夫也要有一定的信任，共同生活了几年，甚至以后的几十年还要和这个男人一起继续生活下去，彼此没有一定的信任，怎能走过风风雨雨的几十年呢？共同生活过一段时间，女人对的另一半肯定有一定的了解，他是不是花心的人，会不会因为诱惑而动心，对你们的爱情是否忠贞，是否会弃你而去，他的人格怎样，值不值得你信任，在你的内心一定有一个评价，有一个定论。既然这样，为什么要随便怀疑他呢？相信自己的魅力，相信丈夫的人格，这对于你的婚姻是很重要的。

还有的女人习惯在经济上控制男人，认为男人的手中没有钱就少了很多放纵的可能。殊不知，这样的控制有多么伤人自尊，想象一个堂堂男子汉，在突然发生事故的时候，拿不出足够的钱来应付，是一个多么尴尬的场面。经济上的严格控制，让男人产生了存私房钱的念头，这样他对这个家庭就存了二心，又有什么好处呢？事实上，男人想做的事，无论用什么借口，用什么方法，都是能够做成的，对他的牵制反而变成了他产生二心的借口，这是女人给自己挖的陷阱啊！

女人要懂得在适当的时候、适当的地方放手，要懂得用适度的力道来控制自己的婚姻。爱情就像手中的沙子，越想抓紧，流失得越快。然而摊开双手沙子就不会流掉吗？当然不是。让沙子留在手中的唯一方式就是小心翼翼地捧住，那是一种呵护的状态，要掌握好力道。有首歌曾唱道，“爱情就像放风筝，握得太紧就会有悔恨”。会放风筝的人都知道，如果握得太松，会让风筝飞得太高而不堪风的力量，最终使风筝断掉；而握得太紧，风筝根本就放不起来，这和经营婚姻的智慧是一致的。

婚姻中偶尔失和是必然的，不必过于自责和反思，更不用斤斤计较。用宽容的态度去对待婚姻中发生的一切事，才能够使两个人的关系更融洽。婚姻中必有一个是主导者，一个是妥协者或者跟从者。对于女人来说，如果你占据了主导者的位置，就不能再步步相逼；如果你决定做一个妥协者，不要时时妄想着收复失地，否则就会产生矛盾和冲突。

在婚姻中，给彼此都留一点隐私和喘息的空间，是对自己和对方的尊重，也是给婚姻足够的回旋余地。一旦双方的感情出现了裂痕，或者婚姻出现了危机，你们完全可以利用这个个人空间缓和彼此的紧张关系，还可以使婚姻中的两个人都更有魅力。

在寒冷的冬天，刺猬们如果挨得太近就会刺伤彼此，如果离得太远，又会冻死，经过了无数次的试探之后，刺猬们终于找到了合适的距离，既不会刺得鲜血淋漓，又不会冻得瑟瑟发抖。婚姻中的两个人，也必须经历这样的无数次试探，才能够懂得相处的智慧。

✻关注他，读懂男人的真实需要

女人要读懂自己的另一半，就一定要知道男人的真实需要。他在什么时候需要什么，需要你扮演他人生中的什么角色，需要你给予他哪种感觉？

对于男人来说，自己的另一半既是他的妻子，也是他的母亲，又是他的女儿，他的知己。在他有不同需要的时候，他希望自己身边的女人能够满足他不同的心理需要和生理需要，能够满足他最大的虚荣心和成就感，满足他对功成名就的所有幻想。

男人需要什么？一句话就能概括，“女人和权力是男人最终追求的一切”。然而这只是表面上的，男人内心真正需要的只有两样，那就是内心的“安全感”和“荣誉感”。无论是女人还是权力，都是为了满足男人的这两种感觉。

在事业的追求上，男人需要事业和成功。这两点是分开的，事业是为了让自己有踏实奋斗的感觉，体现了生命价值；而成功是为了自己的荣誉感，有被人尊重、被人敬畏的感觉。前者属于“安全感”的范畴，后者属于“荣誉感”的范畴。

而在对于女人的追求上，男人同样需要这两点。男人的“安全感”来自于女人对他的忠诚、支持和仰慕；男人的“荣誉感”一方面来自于女人对他的渴望，一方面来自于其他男人对自己女伴的赞赏甚至嫉妒。

当男人认为女人爱他比其他一切更重的时候，男人就有了安全的感觉。男人本身是欠缺安全感的，他很需要女人正面而绝对的反应与赞赏。当女人仰慕、敬重、需要、渴望一个男人时，她会给男人这样一个讯息，“你是我心目中的英雄”、“你是我眼中最重要最伟大的人”、“我不能没有你”。这一方面满足了男人的安全感，同时又刺激了男人的另一种感觉，也就是荣誉感。

但这样的讯息也是有负面作用的，那就是使你的男人虚荣心膨胀，认为你已经被征服，已经不需要悉心呵护你们之间的关系和感情了。所以，这样的表达还是适度为好，起码在表示“我很崇拜你”“我很爱慕你”的同时别忘了表达另一种讯息，“但是，我是自由的，我更爱自己。”

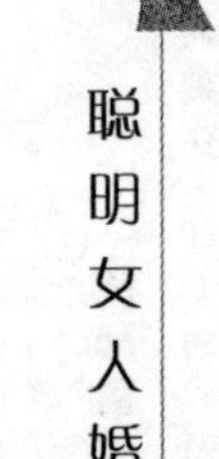

当男人觉得一个女人了解自己、支持自己，和自己拥有共同的志趣并且灵魂相契时，男人就会非常满足，甚至会因美人而弃江山。女人要懂得男人需要什么，还要看清楚男人在什么时候需要什么，男人并不总需要激励，也不总是需要安慰，在他不需要的时候给他不需要的东西，任何人都是会产生反感的。

那么，男人在不同的人生阶段，在不同的情绪下都需要女人做什么呢？

★当他得意的时候，他需要的是最亲近的人给予的赞赏并能分享这份喜悦。这时候，女人不要以冷水泼他，至少暂时不要。和他共同享受一份尊荣是作为为他牺牲的女人的权利。如果他一直沉浸在得意中不能清醒，这时候才有必要提醒他，一山还有一山高，应该继续努力攀登，享受更高的荣誉。对于“笑到最后的人笑得最甜”这样的话语，一定要在男人陷入虚荣的光环中不能自拔的时候再说，否则就会引起他的反感。

★当他失意的时候，最需要的是从女人那儿得到肯定，依靠女人的温情来放松自己，进而重建自己的信心。当昔日的英雄落难，他需要有人对他说“我相信你肯定能站起来”；“失败只是暂时的”；“正好可以趁此机会好好休息一段时间，我们趁着这段时间清闲休养一下吧”。

★当他徘徊不定、犹豫不决的时候，他需要的是你的支持，你对他意见的肯定。比如，他不能够肯定自己是否要放弃目前的稳定收入，去从事一项风险极大、但前景可观的事业，他需要女人对他说，“我相信你可以的”或者是“你去吧，就算失败了，家庭还有我来支撑呢。”

男人在什么时候需要什么样的情感安慰，对于不同的男人可能有不同的解答。可以肯定的是，大多数男人在平时都需要女人的照顾。在特殊的时刻，都需要女人的别样温情。只有了解男人的需要，并且满足这些需要，婚姻才能够幸福。

✻抓大放小，不纠缠才清静

对于女人来说，无论怎样的大事都可以化解成繁琐的小事。据说有这样的一个小笑话，一个女人收到了英国女王的请柬，朋友们问她，准备好了吗？她紧张兮兮地答道，“我正在犹豫穿哪条裙子去见女王呢”。事实确实如此，女人很容易纠缠于那些鸡毛蒜皮的小事。

比如，“你五点下班，从公司到家一共三站地，怎么回家比平时晚了十多分钟？”“明明告诉你某个牌子的酱油味道才鲜美，正好做这道菜，为什么又买错了？”“为什么非要在情人节买玫瑰花送给我，你不知道情人节前后，一朵玫瑰花要涨十倍的价吗？”“新买的裤子，第一天穿就让烟灰烫了个洞，这套西装要几千块钱呢，全毁在你手里了。”诸如此类鸡毛蒜皮的小事，女人偏偏不肯睁一只眼闭一只眼。

对于男人来说，和女人讲这些道理无异于对牛弹琴。谁愿意因为一个烟灰烫的小洞而喋喋不休？而女人却纠缠起来没完，使男人非常火大。何必呢？有时候这样的女人看起来很可怜，很无辜，实际上却完全是自取其辱。

在女人的世界里，她们能够把所有的大事分解成吃饭、穿衣打扮类的小事。然而在男人眼里，大事小事是很分明的，这也许就是男女的不同。所以，男人通常会对女人因为一点点小事对自己喋喋不休而感到不解。其实这不过是女人的天性，但两个人生活，就是要彼此适应，要么让男人接受自己的观点，要么让自己宽容一些，不要太拘小节。

让男人理解女人纠缠于小事的行为，简直不可思议。所以，女人必须自己做出改变，虽然生活就是由琐碎的事组成的，但是对于那些无关痛痒的小事，我们还是不要太过纠缠。不要纠缠的意思，不是不要管，而是不要太注重，不要反复地强调。

★对于没有造成严重后果的事，即使你觉得对方犯了很大的错误，自己受了很大的委屈，也不应该纠缠起来没完。和你约会迟到几分钟，不会有什么严重的后果；和异性过于亲近可能会发生一些事情，但是那真的发生了吗？只不过是你的一种臆想而已，女人会在想象中把一件事情想得很糟糕，但是没有事实上的后果的事情，其实没必要没完没了地纠缠。

★对男人的疏忽或失误，不要批评起来没完。谁都免不了一时疏忽而造成失误，但没有一个人喜欢有人总是在自己的耳边强调自己犯的错误，尤其是不太严重的错误。

对男人的疏忽，女人要学会睁一只眼闭一只眼，不要因为一些细枝末节而破坏了夫妻之间相处的浪漫氛围。女人虽然也喜欢浪漫，但是又总会在小节上计较，老公送你一件毛衣，不是嫌太贵了，就是嫌款式不够称心；送你玫瑰花，又会嫌不够实惠；送你首饰，又嫌和这件衣服不配，和那件衣服不搭，缺少佩戴的场合。总之，女人似乎总是难以讨好，这让男人很郁闷。

★无所谓对错的事，不要强迫别人的意志。如果一件事无关紧要，只不过是两个人的意见不同，那就不妨分头行动，谁也不妨碍谁，不要强迫别人顺从你。像今天吃什么饭，星期天去哪儿玩，下班时间怎么打发等诸如此类的小事，要灵活掌握，今天听你的，明天听他的，或者分头行动，都是很好的办法。

★女人要懂得从男人的角度想问题，他想要的不过是温馨的日子而已，而女人对小事的纠缠总是给两个人的婚姻生活带来很多烦恼。不妨撇开那些鸡毛蒜皮的小事，好好地过清静的日子吧。

用你的温柔去慰藉男人脆弱的心

男人也是非常脆弱的，只不过女人的脆弱在表面，男人的脆弱却在心里。婚姻中的女人一定要看到男人坚强外表下那颗脆弱的心，适时地给他慰藉，他才可能真正把你当做知心人，把家庭当成避风的港湾。

男人不是超人，他们同样有喜怒哀乐，有压力，有困惑，有感情脆弱的时候。男人看似强壮，看似可以统领世界，其实，在强壮的外表下面，绝大多数的男人却有着一颗相当脆弱的心。但是男人的脆弱不会轻易显露出来，这是由他们从小受到的教育决定的。男人从小就被教育“男子汉大丈夫要坚强”，“男儿有泪不轻弹”，“男儿膝下有黄金”，因此，男人很少表现自己脆弱的一面，但这并不代表男人不脆弱。他们只是比女人更会忍耐，更会隐藏，只有女人最敏锐的心灵才能发现他们的真实内心。

如果女人不能理解这一点，就会对男人作出诸多苛责，诸如：别人做得好，你为什么做不好？男子汉应该顶天立地，有所作为，决不允许妥协和软弱。这样你就刺激了他的自尊心，如果有一次他发现自己的真诚没有得到应有的重视，此后便会将心门锁住，再也不能敞开心扉，这样你就失去了和男人心与心交流的机会。既然决定爱一个男人，就要理解他，学会欣赏他的长处，学会安慰他的脆弱心灵，千万不要轻易触碰他那脆弱的灵魂和自尊，否则你不但得不到他的爱情，反而会让他困顿，对你产生反感。

一个聪明的女人会在应该柔弱的时候柔弱，应该坚强的时候坚强，应该宽广的时候宽广。一个聪明的女人，会让男人在家中感受到应有的温暖和安慰，感受到心灵的慰藉，在温情的抚慰中产生战斗的勇气。在聪明的女人那里，家是最好的栖息之所，男人在一天的疲惫之后，在筋疲力尽地拼杀之后，会在家中得到最高的奖赏和鼓励，会得到最好的安慰，感到拼搏的价值和无边的幸福。而一个蠢笨的女人则会让男人感到负累，对家产生恐惧，对女人的喋喋不休产生轻视和恐惧。

男人的外表看起来坚不可摧，其实内心却脆弱无比。他们时刻要求自己要坚强，要表现自己强大不可战胜的一面。但是他同样也有压力，也有疲倦，也有困惑不知所措甚至绝望的时候。因此他们也渴望被关爱，在疲倦的时候，有一个心灵的港湾，可以倾诉、栖息。女人在这时候应该不失时机地奉上善解人意的温柔，缓缓地引导男人敞开心扉，耐心地聆听他的心声，或者让他依靠、哭泣。也许他并不需要安慰，只是需要发泄。男人喜欢解语花般的女人，就是喜欢女人的善于倾听和善解人意。

其实，男人不经意间流露出来的脆弱，正是男人最真实的另一面。男人的脆弱，拉近了他和女人之间的距离，让女人们萌生出怜惜之心。一个强硬的硬汉形象，往往和圣人一样是虚幻的；正是因为有了埋在女人怀里痛哭流涕，像婴儿一样的男人，婚姻和家庭才有了真实的感觉。当你知道他也是脆弱的，他也是需要你的支撑，你就会对家庭产生一种责任感。如果男人没有脆弱，一直以保护者自居，那女人也会失去参与的热情，家庭的维系也就很危险了。

从男人的脆弱，让我们看到的是一颗真实的心。女人们应当为此而欣喜，因为这证明你是他最亲近的人，只有最亲近的人才能让男人卸下坚强的外表，露出最真实的一面，只有最亲近的人才能分享一个男人心底的脆弱，才有资格拥有这个男人，才有资格安慰他。

女人不要天真地以为，男人就是要坚强，这是天经地义的，也不要以为他的付出是应当的，是一个男人的责任。男人的确应该对家庭负责，但他绝不是没有情绪的机器人，更不是任劳任怨的仆人，女人要学着理解男人。

学着看清男人的脆弱，当你的伴侣突然怀疑人生的意义，怀疑他之前努力的价值和意义，想要逃避的时候，女人要告诉他你做的事有非凡的意义，我为你感到自豪，我因此而幸福。当男人想暂时逃避的时候，女人不要着急埋怨他，贴心地陪他休息几天。当他失业或者不顺心的时候，女人的怀抱就是男人的世界。当他伤感、被好友背叛、被众人冷落、感觉走投无路的时候，默默地牵住他的手，告诉他，就算全世界离你远去，至少你还有我的陪伴。

男人很容易脆弱，也很容易被安慰，只要你有足够的耐心、足够的温柔，就能够让他在天亮前准备好投入下一次的奋斗。女人要用自己的心默默关怀你的另一半，看到他坚强外表下那颗脆弱的心，默默地安慰他，抚平他内心的伤痕。读懂男人脆弱的内心，才能够在婚姻中找到女人的幸福和价值。

戒除唠叨，沟通重在有技巧

唠叨是女人的一种沟通方式，但这种方式肯定不会被男人认可。大多数男人都非常讨厌这种没有营养的语言，要么装聋作哑，要么大吼一通，长此以往，婚姻中的幸福也在唠叨中一点点地磨尽了。

也许在婚姻的初期，男人还能容忍你一边唠叨，一边收拾、整理他的书房；一边对他念叨，一边洗他的脏衣服，在新婚时这是一种爱的表达方式，但是长此以往，男人就会对你的这种交流方式表现出不满，甚至是厌烦。

这是一位已婚男士的抱怨：你知道女人的唠叨多么让人难以忍受吗？你知道当你午睡时，如果有苍蝇或者蚊子在你耳边嗡嗡不休的那种感觉吗？如果懒得起，我就会挥手把这些东西赶走，如果不行，我就把头蒙上；结果它们还是嗡嗡作响，我的肺都气炸了，立刻清醒过来噼噼啪啪一顿打，或者拿着药"嗞嗞"喷一通，这些讨厌的家伙们肯定就消停了。可惜女人不能如此对付，有时候我真想对着我家那位大喷一通蚊子药，让她安静下来。

如此看起来，知道唠叨对你的婚姻有多大的害处了吧。当然，唠叨也有好处：据日本著名心理学家龟田寅二教授对5700余名24岁以上的女性调查后发现，半数以上的年轻妇女喜欢跟她们的丈夫或好友倾诉内心的痛苦和烦恼，借以消除精神上的压力和思想上的苦闷情绪。通过唠叨，满腹的忧愁苦闷就可以从体内发泄出来，沉重的思想负担得以缓解或消除。所以说，唠叨属于女性生理上调节情绪平衡的一种有益的"宣泄法"，是女性一种特殊的健身之道。

对于这样的健身之道，偶尔为之尚可，但是时间长了，任何人都要受不了。没有人愿意总是当别人的情绪垃圾桶，如果你实在受不了工作的压力、内心的痛苦，不妨辞掉工作，休养一段时间，相信男人可以原谅你的这一点小任性。或者也可以在丈夫不在家的时间里，对着空气大骂一通，气出来了，也就好了。

还有一种唠叨，最使男人难堪和愤怒，那就是“挑剔式唠叨”。如果你总是对自己丈夫的每一个希望和心愿猛泼冷水，任谁都受不了。男人需要的是认同和称赞，而不是反驳和不屑，是嘘寒问暖而不是喋喋不休。可是有多少女人，在男人取得一定成绩、志得意满地向老婆炫耀他的成就时，不解风情地泼他的冷水，“取得这一点成就就沾沾自喜了，瞧你这点出息”，或者“和某某相比，你还远着呢”。这样的话语，会把男人奋斗的热情、工作的冲劲全部浇灭。永无休止的挑剔会让男人丧气、失去斗志，把一个原本上进心十足的男人变得庸俗、平凡。

当然，唠叨的害处不仅这几点，女人必须要过滤自己嘴边想说的话，使自己说出来的话，不至于伤害到丈夫，更不至于伤害到你们之间的婚姻关系。

★吃醋嫉妒的话，不要一而再、再而三地强调，尤其是他的女同事、女下属的醋不要乱吃，因为她们都是配合你的男人开展工作的，只要男人把握好分寸，就不会出乱子。而女人的猜忌、唠叨，会把自己的男人推到别人的一方，还会影响他的工作和成功。

★对于男人生活上的小缺点，如果在你的忍耐范围内，就不要再唠叨了，男人是不可能改掉那点小毛病的。诸如衣服不要乱放，臭袜子为什么不洗，你能不能不看球赛这一类的唠叨，对于这样的唠叨，男人会把它当成耳旁风，而你几乎发疯。唠叨迫使男人装聋作哑，对方“聋哑”了，你却觉得他对你不够重视、不够尊重，甚至会因此而生出愤怒，因此而吵架甚至离婚的夫妻比比皆是。

★对于男人工作上的事，不要太过挑剔，世界上功成名就的男人只不过是一小部分，你想要一个事业成功的丈夫，先做他背后的女人吧。一个成功男士在成功之前，为了成就事业很长时间都没向家里汇钱，妻子没有打扰他，只是给刚出生几个月的孩子喝米浆代替奶粉，孩子根本吃不饱，饿得哇哇哭，妻子却没有抱怨。扪心自问，你能做到这样吗？如果做不到，就原谅你丈夫的平凡吧，不要再把他和那些成功人士相比，因为你也不能和人家的太太比。

★对于男人和什么人交往，也不要过于干涉，唠唠叨叨。你眼中的狐朋狗友，说不定正是他的至交，唠叨他们的缺点，会让你在丈夫眼中的地位下降。不如试着走进他的圈子，接纳他的朋友，建立起夫妻两人共同的社交圈。

总之，唠叨不是一种好的沟通方式，男人非常讨厌女人的唠叨和挑剔。如果你不想唠叨，又想改变男人的某些行为，那就寻找一种更为高明的交流方式吧！

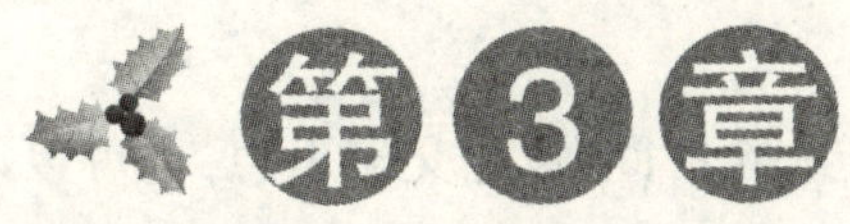

第3章 知心女人善交流：建好美满婚姻的轨道

给彼此间打通一条沟通的渠道

婚姻中的两个人想要随时了解对方的想法，想要获得更和谐的关系、更幸福的生活，就要建立良好的沟通通道。如果沟通通道堵塞，两个人之间就难免产生误会，或者彼此生疏。夫妻两人要常常在一起交流，才会觉得融洽，才会更加熟悉。

夫妻们可以约定一个时间，彼此交流思想，也可以通过别的特殊方式进行交流沟通，总之夫妻双方要有一种默契，就是要通过多种行为方式，多种手段进行彼此的了解沟通，日常交流要每天都进行，情感交流和思想交流则可以选择一个特殊的地点、特殊的方式去进行。

通常，我们有哪几种沟通通道？又需要注意哪些沟通的细节和技巧呢？

★饭桌上的沟通。在饭桌上，不仅仅是吃饭而已，我们可以在饭桌上，把今天的趣事讲出来，把你的心愿、期待讲出来；也可以在饭桌上提一些有趣的建议，讨论关于家庭的开支或者其他方面的内容。轻松的进餐环境，让你可以随心所欲地谈一些事，当然，最好是讲一些快乐的事，否则，影响进餐氛围也是不好的。很多家庭都把餐桌作为交流沟通的重要基地，当成一种好的沟通渠道，一家人其乐融融地围着桌子吃饭的时候，如果说点什么趣事，是很合宜的。

★卧室中的沟通。对于比较隐私、儿童不宜的事情，当然应该放到卧室中去处理；还有一些容易发生矛盾的事，也应该到卧室中沟通，免得孩子们看到你们争吵，产生不良影响。再者，就算中间产生了矛盾，语言沟通不顺畅的，还可以通过行动来沟通。

★书房中的沟通。对于比较重要的事，最好还是放到书房去沟通，比如，关于家庭理财，关于赡养老人，关于你们之间某个人的深造、跳槽、转行等，只有权衡好利弊，让双方都能够充分理解了，才能够实施。千万不可以心血来潮，瞒着对方就决定了某件事，最后引起分歧争吵，或者造成生活上的种种不便，再后悔就晚了。

★生活中还有其他的一些机会和环境适宜沟通交流，女人要善于抓住机会，和男人们进行交流。比如两个人在看到同一段电影情节的时候，可以展开讨论，这时候，女人千万不要自以为是地说“男人都不是好东西”或者带有“痴情女子负心汉”之类感情的词语，因为这会让男人产生反感。聪明的女人在看到幸福的情节时，会眼泪汪汪地说“咱们也可以那样幸福”；当看到男子负心的时候，会轻轻地说“我老公才不会这样”。女人也要对男人的喜好有所了解，闲暇时可以就男人喜欢玩的某款游戏展开讨论，对哪个球员的技术好、哪个球队应该会取胜展开激辩，这对于男人来说，都是难忘的记忆。

★通过语言以外的手段进行沟通，比如通过眼神沟通，男人通过女人暧昧的眼神、风情的媚眼就知道女人心中所想；通过表情沟通，内心的情绪通过表情得以表达，夫妻双方观察对方的表情，便可以知道对方的所思所想；通过肢体语言沟通，比如两个人吵架以后，女人常常背过身子不理对方，表明自己还在生气，这时男人要首先开口说第一句话，或者要哄哄老婆。

★通过暗示沟通，作为女人要明白老公的暗示。比如，男人一般不会问这种问题“如果我背叛了你怎么办?”如果有一天，他真的借助某个话题或者某个故事情节，问了这个问题，女人绝对要慎重地对待。这往往是他想要出轨的前兆，或者有了某种程度的不忠，女人不要把这种暗示当成笑话听，只需就事论事地告诉他，你将会采取何种措施。诸如此类的暗示包含了丰富的信息，女人不可一笑了之，要慎重对待。

总之，一个家庭要建立良好的沟通通道，只有通道不堵塞，沟通才能到位，夫妻双方才能彼此理解，互相珍视，婚姻才能更加幸福。

会沟通是女人幸福的源泉

沟通是了解对方、解除误会的一种方式。想要了解对方，获得理解和支持，沟通是唯一的渠道。如果没有良好、顺畅的沟通，人和人之间难免产生误会与隔阂，夫妻之间的关系就会越来越远，越来越生疏，婚姻也就失去了本来的面貌和意义。

婚后，很多夫妻因为生活压力越来越大，工作越来越忙碌，一到家就想躺在床上休息，总是忽略了沟通；要么就是觉得老夫老妻了，彼此一个动作、一个眼神就明了了对方的意思，用不着做无谓的交流，没有沟通的欲望；有的夫妻并不是不想沟通，也不是没有沟通，而是沟通方式出了问题，所以一个总是在滔滔不绝地说，一个总是听而不闻；或者两个人唯一的沟通方式就是争吵，争吵后就是冷战，周而复始，使人陷入疲惫的怪圈。

凡此种种不正常的交流，或者夫妻双方的缺少交流，是造成夫妻之间矛盾升级、误会重重的主因。女人想要家庭和谐、婚姻幸福，首要的条件就是要和家人有正常的沟通。和丈夫之间的沟通无疑是最重要的，两个人既然选择了一起生活，就应该尊重彼此的意见，做决定的时候不能总是你总说了算，而不征求别人的意见。

交流的方式有很多种，其中最普遍的三种就是：直接陈述，倾听，询问。每一种方式都有不同的适用场合，如果能够熟练应用这些技巧，就能够让你们的交流变成良好的沟通；如果处理不妥当，就容易引起矛盾，甚至导致对方拒绝讲话，或者拒绝倾听。

★直接陈述一件事的时候，最好用“我想”、“我希望”、“咱们是不是应该”等比较委婉的方式来表达你的意愿，也可以用反问句，因为反问句表达的也是一种明确的意愿。聪明女人要学会用这种明确表示自己意愿而又语气柔和的方式来陈述自己想做的事，而不要用诸如“你老是”、“你从来”、“人家总是”这种带有抱怨色彩的语句来表达意愿。比如，你想出去露营，可以这么说，“咱们这周六去露营吧！”而不要以这种抱怨的语气来表达：“咱们好长时间没出去玩过了，你从来不顾及人家的感受，这周六我想出去露营。”要知道，后面一种方式不但让男人觉得厌烦，连你自己也会感觉到委屈。想做一件事的时候，先把自己的情绪破坏了，这是多么遗憾的事情。

★当你倾听的时候，一定要用专注的态度来表达你的倾听意愿，不要一边听别人讲话，一边看电视或者做家务。这容易让人误解你不想听他的谈话和意见，你的心不在焉，会影响说话者的情绪，对于交流是有很大伤害的。尤其是对于本来就沉默寡言的男人来说，当他好不容易鼓起勇气，郑重其事地表达自己的意愿或者倾诉自己的情感时，你采取的却是这样一种毫不在意的态度，肯定会伤害他的真心和自尊，男人的自尊一旦被伤害，他就会永远地对你闭起他的心门，交流的通道从此就阻断了。

★当你的丈夫偏于内向，或者对什么事都很淡然、无所谓的时候，你要采取询问的方式，引导他表达出自己的意见。当他对你的询问无动于衷的时候，可以给他一个可选择式问题。比如，你问他："明天就是周日了，咱们去干吗？"他也许会说："随便吧。"这样你就可以顺便问他"我想带孩子去玩，你看是去动物园，还是去游乐场？"对于这种选择性的问题，男人们还是喜欢回答的。

★上述只是当你们的意愿一致，或者是遇到很平凡的状况时可以采取的交流方式。当遇到两个人的意志相左或者产生矛盾时，你们双方都应该把自己的理由充分地表达出来，进行一番交流沟通，继而达成一致意见或协议，而不应该各行其是，强硬地让对方接受自己的意见。

良好的沟通方式有助于两个人更加了解对方，有助于双方进行更好的交流，顺畅的交流才能让夫妻的关系更和谐，家庭更幸福。

照顾男人面子——这些话千万不能对老公说

男人最重视面子，有些话如果说得技巧不够，极容易引起他们的反感。女人讲话必须讲究技巧，有些话要直着说，有些话要委婉一点，有些话分场合说，有些话永远都不要说。总之，在讲话之前如果能够想想对方的感受，也许你就会谨慎得多，也就不会脱口而出许多伤人的话。那么最不能跟老公进行的讲话方式和话题都有哪些呢？

"你这个人"的叙述方式。"你这个人"通常和批评、指责联系在一起，比如，"你这个人太不替别人着想了，那么晚不回家，不能给我打个电话吗？"

"你这个人太不负责了,这明明是你的错误……"谁都会犯错误,但是"你这个人"把某个错误扩大化了,上升到了人格的缺陷上,让人听了就觉得对方好像总是这样,是他的性格有缺陷,如果你经常使用这样的叙述方式,男人的性格可能真的会越变越糟糕,这是一种消极暗示的结果。

以先入为主的方式去沟通,在沟通中不去理解对方,也不试着了解他的真正意图,不想达成一致,只想着去反驳对方。比如,"你这么说不过是想推卸责任……""难道你没犯一点错误吗?""你当时想过我的感受吗?"这样的句子,这种沟通方式,其目的不在于听对方的解释,而只在于反驳对方,表达自己的激烈情绪,对事情的解决没有任何帮助,会引起男人的无力感。反正他怎么解释,他在你心中的形象就是这样的,做事总是自私的,也就无所谓解释了。

以"你总是……""你从来……"这种叙述方式开头的句子会传达一个观点:你拒绝相信别人的想法是真的,是正确的,你只认为他在敷衍你,或者欺骗你。这样的句子会把你的猜疑、不信任和反对表达出来,而且是直接否决了别人过去对你做的事情的意义。比如"你总是自以为是""你从来就只知道顾自己"等不但否决了这件事,同时也否决了你们美好的过去,是最有杀伤力的言语利器。

男人最不能接受的话题:

★批评、侮辱类的话最好不要说,尤其是不要进行言语上的人身攻击,这会严重地伤害男人的自尊和自信,让对方陷入无休止的恐惧和自卑当中。比如"你真没出息,你这辈子别想出人头地"这一类的话,永远让男人听而生畏,对你们之间的关系绝无好处。

★对他的"浪漫观点"加以揶揄或嘲讽,会伤害他的自尊心。比如,你的老公说“要是咱们有那么一所面朝大海、春暖花开的房子该多好啊!”你却毫不留情地回答:“现在房价那么高,按照市价,这样的一所小别墅,你得奋斗一百多年,也就是两辈子,还是别做白日梦了。”这样没有情调的话,还是少说为妙,缺乏浪漫细胞的女人是最让人无奈、最容易让人厌倦的女人。

★不要把他和优秀的男人对比,他会感到被奚落。男人对同性向来带着一点嫉妒,带着一点不安全感,尤其是对自己身边的男性。比如,你的上司,他的同学、朋友,甚至他的父亲、兄弟,最好都不要拿出来和他对比。如果你真的想数落他了,也不妨拿他和那些真的非常优秀而且距离遥远的人作比较。比如,“你看看人家李嘉诚多富有”“你看人家刘德华多帅”“你看乔丹的体格多棒”,这样的对比,不痛不痒,他也会反驳你,“几百年才出一个李嘉诚啊?”这种对比就变成了调侃,而非奚落,会更安全一点。最好不要说“你看原来和你同是办公室主任的小李,人家现在已经升任经理了,你呢?”这样的对比极容易引起他的反感!“你看谁有能耐就嫁给谁去!”这样伤害夫妻感情的对话最好永远不要出现。

★否定他的成绩的话最好不要说。比如,你的丈夫最近谈成了一笔大的业务,非常得意,你却打击他:“就这么一次,有什么好炫耀的?”“你以为你这就算成功了,早着呢!”“某某比你强多了!”……这类否定他成就的扫兴话,会浇灭他所有的工作热情,让他的得意化为失意,也会阻碍他的进一步发展。

总之,有些话如果对事情没有价值、没有意义,对你的丈夫没有帮助,对你们两个之间的感情没好处,最好不要说。有些话虽然有必要说,但一定要讲究技巧,否则就会引起对方的反感,日子长了还会堵塞沟通通道,让你们两个的关系越来越生疏。

❋用甜言蜜语为婚姻增色

婚姻中，我们要多说一些有建设性的话，多说一些对夫妻两人的感情有好处的话。男人需要女人的甜言蜜语来滋养彼此的感情，来肯定自己的成就地位，肯定自己对家庭所作出的贡献。女人要多说一些甜言蜜语来哄老公高兴让全家快乐。

有时候，男人就像孩子，是需要哄的。哄一哄，他就高兴了，你也从中获得了作为爱人的满足感。从某种程度上说，婚姻的和谐之道就在于能够彼此相互哄一哄。甜言蜜语是用来为婚姻增色、为爱情添砖加瓦的。那么，我们要常常对对方说哪些甜言蜜语呢？

★鼓励和赞美的话。鼓励和赞美的话能够让男人的虚荣心不断地滋长，从而促使他不断地进步，鼓励他不断地追逐成功和理想。想要男人心甘情愿地去奋斗，就不要逼他、抱怨他，或者把他和其他人进行比较，而应该进行激励和鼓舞。妻子的赞美能够最大限度地激发丈夫的潜能，针对他的优点给予恰到好处的赞赏，能够帮助他最大限度地施展出他的个人才华，给他足够的信心去追逐成功。

★崇拜的话。女人的崇拜能够给男人巨大的力量。任何人都希望得到别人的崇拜，都希望别人用尊敬、仰视的目光来看待他。对于妻子来说，可能因为对丈夫过于熟悉，也就自然而然地缺少了崇拜。试想一下，一个妻子看到丈夫吃饭打嗝、睡觉打鼾、整天摆一地脏衣服臭袜子，无论这位丈夫在事业上多么成功，多受追捧，女人都是起不了崇拜之心的。这也许就是距离

的神奇之处，然而男人需要女人的崇拜，这种崇拜是对于他成绩的最大肯定，如果作为妻子，你给不了他，那你希望谁给他呢？所以，不妨在丈夫做了一件得意事的时候，恰当地表达你的崇拜之情吧，想必，他会非常享受的。

★体贴的话。关心丈夫、体贴男人是女人的本能和天性，然而很多女人表达体贴的方式有待改善。比如，很多女人都以河东狮吼的形式表达自己的关心和体贴，“又抽烟，抽死你算了”“告诉过你多少次，少喝酒，你就是不听”“又睡这么晚，也不怕影响别人”诸如此类的恐吓和抱怨，非但不能得到男人的感激，反而会引起他的反感。想要表达对丈夫的关心和体贴，就要用一种温柔的方式来表达，否则，极可能引起对方的误会。用温柔的语气，担心的目光来表达你的体贴，比如“少抽点儿烟行吗，你这几天有什么烦心事啊，再烦恼也要当心身体，人家多担心啊！”“赶快休息吧，夜这么深了，事情是做不完的，身体却是自己的。”在表达对对方体贴关怀的时候，适当表达自己的忧心，更能让对方感觉到你的情意，不失为表达体贴的一种好方法。

★表达情意的话。诸如“我爱你”“你真是我的好老公”“太感谢了”之类表达浓情厚谊的话，不妨常常挂在嘴边。有些话，出于东方女子的含蓄，我们不习惯常常挂在嘴边，就要用有技巧的方式表达出来。大家所熟知的大文豪马克·吐温常常把写有“我爱你”、“我非常喜欢你”的小纸条压在花瓶盘子下，给妻子一份意外的惊喜，这种习惯伴随了他们的一生。我们也可以借助特殊的日子，比如，他的生日、结婚纪念日等，把温馨的、充满爱的私语藏在卡片里，想必对方也能感受到你的浓情蜜意。感激的话、安慰的话可以随时说，也可以遇到特殊的事件时再说，总之，能够表达你的情意、能够增进你们甜蜜爱情的私语，要常常表达出来。

★表达自己对目前生活满意的话，比如“我觉得咱们这样特幸福”“看咱们一家三口多快乐”等。幸福是需要提醒的，当你表达出自己的快乐、幸福的时候，对方也能感受到快乐，同时他也会有一种满足和自豪的感觉。

总之，婚姻中离不开甜言蜜语，越会表达自己的甜蜜的女人越能够得到更多的幸福和快乐，她的婚姻也越稳固、越幸福。

❋贴近心灵，互通彼此的感受

沟通是两个人的事，沟通的目的是进行两个人的交流，达成一致意见，或协调彼此的关系，绝不应该由一个人自说自话，更不应该把家庭变成一言堂，造成沟通通道的堵塞。

我们常常会看到这样的情景，女人在唠唠叨叨地说个不停，男人在一边喝茶、抽烟、看电视，不插话，也不询问。女人会觉得男人不重视自己，不把自己的话放在心上，男人也会对女人的唠叨产生厌倦。是什么造成了这种情况的发生？归根到底，还是彼此沟通的问题。很多女人觉得沟通就是把自己想说的话说出来，全然不管对方的反应和感受，也不理对方是否能够理解自己，结果只能是自说自话。

这是一种错误的沟通方式。单纯地把对方当成自己的情绪垃圾桶，必然会引起对方的厌倦甚至反感。沟通又叫做交流，应该是双方的事，甚至是多方的事，而不是你单方面地阐述自己的观点，表达你的感情；沟通要有回应，要征求对方的意见；同时在沟通中也要听对方倾诉他内心所想，理解他的情感，理解他存在的问题。双方都有说，有听，有理解，有询问，才能叫做沟通。

有的家庭之所以沟通不畅，很大一方面的原因是其中的一方太霸道。如果有一方总是独断专裁，不听从对方的意见，即使听了，也不给予尊重，总是予以驳回，那么时间长了，对方就变成了“聋哑人”。既然他表达什么意见都没有用，为什么还要说？既然你总是按照自己的意愿行事，他听不听又有什么关系？习惯于总是按照自己的意愿安排事情、从不允许不同意见的女人，最容易造成这种家庭聋哑症。

有的家庭沟通不畅则在于，其中的一方太懦弱，或者太淡然，什么都无所谓，什么都随便，自然两个人的交流就越来越少。如果一个人总是在征询对方的意见，可得到的答案永远是“随便你”“都行”“你看着办好了”，久而久之，对方也会变得不耐烦，不再珍视你的意见。一个懦弱的、不善于表达自己意见的女人，会让男人觉得你软弱可欺，没思想、没主见，很乏味。同时，女人自己也会觉得自己被忽视，被整个家庭轻视，时间长了便会觉得总是受别人欺负，在受委屈，其实这一切都是自己造成的。

有的家庭沟通上存在的问题，不在于双方没有交流，而是在于两个人谁也不从对方的角度去理解，只是一味地按照自己的意愿去处理问题。结果就是，虽然两个人都表达了自己的意见，也都说了自己的难处，可双方都固执己见，彼此都不想妥协以达到同一个目标，于是尽管沟通了，可还是各行其是，最终造成双方都受伤害的结果。既然这样，彼此沟通不沟通的结果都一样，那么，大家可能开始还会顾及对方的感受，表面上征求一下意见，日子久了，就完全各行其是、互不干涉了。

家庭中出现不同的沟通问题，各有不同的原因，因此想要治愈不同的沟通问题，也要有各自不同的方法。太霸道的女人要想一想对方的感觉，如果家中一切大小事务都是你当家做主，你是不是该考虑，这件事是不是应该征求一下他的意见？是不是应该采纳一下他的建议，看看他的意见是否有建设性？如果丈夫对所沟通的问题显得无所谓，太淡然的，女人要勇敢地提出问题，要他来回答，一旦他作出反应，要有鼓励性的措施，以激励他积极思考，积极参与家庭建设。太懦弱的女人，一方面要寻求和丈夫的共同语言，暗示他留一些事情给你决定，另一方面要对自己有自信，主动地处理几件事情，因为你对这个家也是有责任的。对于那些夫妻双方都很强硬的家庭，要各自都记得低头、妥协，这件事可以听你的，下一件事就听他的，总之两个人必须达成意见的一致，才能行动，这是对对方最大的尊重。

总之，沟通交流是两个人的事。家庭中，既有鸡毛蒜皮的小事，也有关乎整个家庭命运的大事，对于谁当家做主这样的事，不妨通过沟通达成一些协议，以促进家庭和谐。沟通就像跳双人舞，缺少任何一个人的配合都是不协调的，必须要双方都有所动作，动作一致，才可能让家庭更和谐。交流、协作是家庭这部机器协调运转的根本所在，缺乏了这些，家庭就会出现不和谐的音符。

第4章

豁达女人有胸怀：让包容撑起爱的天空

✻用爱包容，他会用心回馈你

在婚姻的初期，夫妻双方往往都能够包容爱人的一切，在日后的生活中，却总会渐渐淡忘了那份爱，变得挑剔起来。当初眼里的优点居然会变成了缺点，当初能够包容的小缺陷，却变成了无法容忍的毛病，张爱玲在这一点上看得最通透。她在作品《红玫瑰与白玫瑰》中说道"娶了红玫瑰，久而久之，红的变成了墙上的一抹蚊子血，白的还是'床前明月光'；娶了白玫瑰，久而久之，白的变成了衣服上的一粒饭沾子，红的却是心口上一颗朱砂痣"。

岁月的确能够磨灭曾经的浪漫与激情，能够让平凡的男女变得相看两厌。但是愚蠢的男女往往让岁月把爱情的美酒变酸，明智的夫妻却能够把爱情的美酒好好地封存起来，年岁越久，就会越香醇。

问他们怎样做到的，却无非是"包容"二字。结婚之前，两个人可能经过了一段时间的恋爱甚至试婚生活，所以双方对彼此都有了一定程度的了解，虽然爱情可以蒙蔽一个人的眼睛，但你选择的另一半有怎样的缺点，肯定有蛛丝马迹可循。结婚之前你必须想清楚了你是否可以包容他的缺点，是否愿意和他共度一生。如果，你的婚姻是经过冷静理智思考的结果，你就应该清楚自己已经决定接受他的一切了。

每个人都有改不掉的缺点，比如有的男人粗心，就算他有心让自己变得细腻一些、体贴一些，改变也是有限的，比起那些天生就敏感细腻的男人来说，他们永远稍逊一筹。如果结婚之前就明白这一点，肯定就不会在日后数落计较他的不体贴。在结婚之前，一个人决定是否和另一个人相伴一生，不应该看他有多少优点，而应该看你是否能包容他的缺点，就算有一个小小的缺陷，是你不能容忍的，也应该拒绝和他结合。包容一时很简单，包容一辈子却太难了，要知道，你不能容忍的一个小小的缺点会在日后扩大成致命的缺陷。

想一想，一个上进心很强的女人却和一个玩心很大、散漫的男人结婚了，以后的日子将会是怎样的灾难吧；一个有洁癖的女人和一个很不讲究、不修边幅的男人结婚了，她日后将有多少唠叨的岁月吧；一个对待爱情非常严肃、眼里揉不下一粒沙子的女人和一个喜欢和女人搞暧昧的男人结婚了，日子对于她是怎样的折磨吧。有些在别人眼里根本不算什么的缺点，也许正是你绝对不能容忍的，如果找到了一个有着你绝不能容忍的缺点的男人做伴侣，将是一个女人一生的不幸。

可以肯定的是，大多数的女人都将理智地嫁给一个自己可以包容他的缺点、他也可以包容自己缺点的男人。然而，在漫长的岁月中，能否继续包容则要靠两个人的相互努力。一方面要知道对方反感自己的哪些缺点，慢慢地加以改正，另一方面也要慢慢地适应对方，包容对方的所有缺点。岁月的确能够把一个人的缺点放大，但是也能够把一个人的心胸变得宽广。

对于对方固有的脾气和特点，不要奢望对方可以改变，二十几年三十几年养成的特性，就算是为了爱也不可能一朝改去，男人不能，女人更不能。所以，如果有人希望你可以改一改某些行为或习惯，以符合他心目中的形象，这种人你可以直接拒绝了。爱一个人就是爱他的一切，爱他的优点和缺点。他的一切看在你眼里都是好的，都是优秀的，都是得体的。在漫长的岁月里，女人要有一点盲目崇拜、盲目欣赏的勇气，这不是迷信而是相处的智慧。

挑剔的女人会让男人过得不自在，自己也万分紧张；想改变男人的女人最终改变不了男人，反而让自己也很伤心。潇洒的女人不会跟自己过不去，她们明白自己的爱人有什么优势，从而在这些优势上鼓励他们，欣赏他们；而对于他的缺点，她却不会勉强他改掉，她知道自己不应该是严厉的老师，而应该是温柔的妻子。

聪明的女人选择包容男人的缺点，甚至为他隐讳，为他遮掩，当别人批评她的丈夫不够体贴的时候，她会说男子汉大丈夫就应该顾全大局而不拘小节；当别人批评她的丈夫没出息时，她会说嫁人为的就是有人疼，而不是享受富贵。她们有一颗温柔的爱心，她们用这颗爱心去包容男人的一切，去经营自己的婚姻，所以她们的婚姻看起来永远是幸福温馨的，她们的丈夫是最疼爱她们的，因为男人们知道，眼前的这个女人是全心全意为着自己的。

用爱来包容婚姻中的一切，女人才能够更加幸福，家庭才能充满爱，充满快乐。

✻难得糊涂，“傻女人”让丈夫更自信

有人说：“幸福的婚姻是由一个视而不见的妻子和一个听而不闻的丈夫组成的。”婚姻中两个人的相处不可能处处顺心，另一半说话也不可能总是让你如坐春风。有的时候，睁一只眼闭一只眼比睁大两只眼要聪明得多，左耳朵进右耳朵出要比专注凝神地倾听好得多。

两个人相处的智慧在于分寸恰当、似清醒还糊涂，而不在于双方多么精明，责任划分多么清晰。斤斤计较不但让自己感觉疲惫，还会让对方感觉厌

倦，因此最好的相处之道就是难得糊涂。“难得糊涂”当然不是真的糊涂，而是凡事不斤斤计较，给对方适当的宽容空间。糊涂的表现也有两种，一种是凡事不过于计较，让自己的感觉神经大条一点，迟钝一点，就不会因为一点点小的伤害而感到伤心难过，也不会苛责别人了；另一种则是大智若愚，该装傻的时候装傻，不但可以让你变得更加可爱，还能让你们之间的关系变得更融洽。

有句话说“成大事者不拘小节”，女人在平时的相处中也要有不拘小节的勇气。生活中难免有磕磕碰碰，双方的关系也不可能始终如一，不拘小节的女人懂得在平时的时候忍让，在小事上谦让，表现得大大咧咧，糊里糊涂，因此即使她犯了一点小错，大家也能够原谅她。不拘小节的女人看淡利益，甘于吃亏，不过于计较，旁人因而会觉得自己亏欠了她，自然地生出一种补偿心理。表面上看吃了亏，实则赢得了人心；就算在整个家庭里吃了亏，但是丈夫能够体谅你，知道你吃了亏，受了委屈，自然更加爱你。

我有个朋友，曾经非常得意地跟我说了一件她的趣事。因为公婆能力有限，只有两套房子留给她的两个儿子，有一套还是二十年前的旧房子。老大先结婚，自然占了新房，她嫁给了老二，因为知道再怎么闹也绝不可能变出另一套房子来，而兄嫂刚结婚不久，更拿不出钱来补偿他们，就不动声色地要了旧房。公婆也觉得亏待了他们小两口，总是设法补偿他们，要么帮他们交几个月的物业费，要么给他们点生活费，虽然不多，总是一份心意。后来，他们同时有了小孩，婆婆决定只给她带孩子，嫂子知道以后吵上门来，婆婆却说：“你住进旧房来，孩子我给你带到十八岁。”嫂子气得泪眼汪汪，她不但帮着劝，还答应如果嫂子的孩子上托儿所，她出三分之一的学费。丈夫说她软弱可欺，她只说：“放心，我们吃不了亏。”果然，公婆待他们更亲厚、更尽心了，丈夫赞她“家有贤妻”两人的感情也愈发深厚。

表面看上去这个女人总是在吃亏，其实她才是最精明的人。就算她暂时吃一点亏，却让别人承了她的情，总是在弥补她，因此迟早还是能够补回来。婚姻家庭上的融洽，却是你做多少努力都不见得收效的，周围的舆论更是对她有利，她算是占了最大的便宜。这种难得糊涂的做法同时也让自己生最少的气。如果自己吃了一点小亏就斤斤计较、大吵大闹，不但改变不了事实，还得罪了很多人，自己生一肚子气。自己“糊涂”一点，对伤害迟钝一点，就不会感觉委屈，不会总是感到伤心难过，何尝不是有莫大的好处呢？

“糊涂的”另一种表现就是“装傻”，偶尔装装傻、示弱一下，会让你的丈夫自尊心得到最大的满足，你们之间的关系也会更加融洽。

聪明的最高境界就是大智若愚，“以无为胜有为”，如果你时刻显示自己比丈夫高明、聪明能干，他的虚荣心如何满足？他的自信会因为你而折辱，你的能干反衬出他的无能，他心里自然不舒服。

在丈夫那里，聪明女人要学会做个小女人，时时依赖他、信任他，让他觉得自己离不开他，才能让丈夫心生爱怜。我和丈夫刚结婚不久的时候，有一次丈夫出差，正巧赶上雷雨天气。丈夫临走前，把电视的信号线拔掉了，我调来调去都找不到台，索性不看了。后来有人告诉我，是信号线的问题，我也不去管它。直到老公出差回来，我才扁着嘴委屈地说：“电视坏了，害的人家一星期就这样没人陪，连电视也没得看，每天晚上都寂寞又害怕。”其实，这几天我都出去找朋友玩，或者看盘。老公一边笑我太笨，一边心疼地安慰我。总之，自己会的也要装作不会，懂的也要装作不懂，装装傻，让他去炫耀自己的能干，这会让他更有信心。

想一想现代男人也够可怜的，工作上常常被女强人超越，生活上老婆用不着你养，如果再不找点可以证明自己比女人强的证据，真的是无比郁闷。所以这时候，装装傻，成全他的自尊心吧，他会更加爱你的。

总之，糊涂的女人在小事上表现得毫不计较，在平时又能够满足丈夫的自尊，因此更容易和周围的人融洽相处，婚姻也更容易幸福。

✻给爱保温——宽容让你的爱永不冷却

"宽"字有宽免、宽恕、宽慰、宽解之意，意思是一个人犯了错误，无论是有心的还是无心的，如果有悔改之意，别人就应当给予宽待、宽恕；而"容"字在这里就有心胸宽广、容忍对方的缺陷和错误的意思。"宽容"是婚姻幸福的基础，婚姻中有爱才会有宽容，有宽容才能让两个人的关系更温暖，让婚姻生活更幸福。

婚姻中因为有爱才有苛责，但是有宽容才有前途。当你觉得对方对你过于苛责，不肯轻易原谅你的时候，你要宽容他，因为这证明他是爱着你的。"情人的眼里容不下一粒沙子"，正因为互相爱恋，双方对彼此的期待会更高，对待彼此更加严苛，也因此更容易产生误解。当真心爱着的时候，心眼儿不免小了起来，感情也更加敏感、细腻。但是，一味地苛责并不能让爱升华，并不能让爱延续，也许对彼此的苛责，会使你们最终走向感情破裂。

"相爱总是简单，相处太难"，难在什么地方？难就难在，你一面要苛责他，一面还要提醒自己宽待他，恐怕如果过于苛责就会失去。爱使你们结合，同样使你们难过、分离。只有宽容才能够让爱更长久，更牢固。古语说"至亲至疏是夫妻"，"至亲"是因为你们之间是最亲密的关系，"穿衣见父，脱衣见夫”，丈夫甚至比父母更亲密；“至疏”是因为夫妻情分这种东西又是最不可靠的，一旦闹到决裂，就算不是仇敌，也会变成毫不相干的陌生人。

可见爱之越深，责之越切，怎么避免因为“爱之深，责之切”而造成的感情伤害甚至感情分裂呢？只有宽容。宽容对方犯下的错误，宽容对方的疏忽，不但可以让双方的关系得以和缓，也会让你自己变得轻松起来。

为什么女人常常觉得自己被伤害了？因为多数女人总是太敏感，发生一点儿小事，就觉得遇到了过不去的坎儿。受到男人的一点冷落，就觉得他肯定不爱自己了；跟他吵几句嘴，就觉得自己变成了黄脸婆，婚前他待你好似公主，婚后待你却像个仆妇。其实这些都是再平常不过了，如果为了这种小事就伤心难过、斤斤计较，就算你有九条命也会像林黛玉那样香消玉殒。

为什么林黛玉总是那么病弱？《红楼梦》中说她“思虑太过”，其实也就是心眼儿太小，对事情过于多疑，整天东想西想，有一点风吹草动，就心恸不已。总是钻牛角尖，把事情往坏的方面想，这样的女人又怎能健康快乐起来呢？

如果夫妻之间总是疑神疑鬼，一点小小的伤害都承受不住，那么，你们之间的关系注定不能长久。生活就是柴米油盐，就是家长里短，倘若对这些都一一计较，肯定会疲累至极。在当时为很多小事气得跳脚，甚至大吵一通，回过头来看看，总觉得不值。如果在事情发生的当初，你就能够平心静气地对待，又何至于劳心伤神？

面对对方的错误，我们总是想，一定要给他一个教训，绝不轻易宽恕他，但是不宽恕他，你就快乐了吗？不！不宽怒他，你也难过得很，和他冷战，不理他，他说什么都装作听不见，决定不原谅他，你的心会更加痛苦，因为，你也更喜欢两个人其乐融融的生活，而决定痛恨他，就是用他的错误来惩罚自己。所以，还是宽容他吧，宽容了他，也就放过了自己。

生活中总有种种的不如意，如果让双方的感情再去增加自己生活中的痛苦和不如意，我们就是在自作自受。很多时候，女人的痛苦都是在作茧自缚，唯一的办法，就是彼此宽容一些，看开一些。为什么男人很少受到感情的伤害？就是因为他们心胸宽广，想得开，忘得快，也就很少受伤。

婚姻中有宽容才能滋生出幸福，才能让我们的感情升华，情至浓处情转淡，热烈的爱情常常使我们快乐，也常常毁灭我们；淡淡的爱，宽容的爱，才能让彼此的感情更长久，婚姻更幸福。

宽容要适度，不要剪断手里的线

在《说文》中，“纵”字的释义为“纵，一曰舍也。”《国语・楚语》中说“夫民气纵则底”，这里的“纵”字即“放”的意思。“有如乘风船，一纵不可揽”，语出唐代韩愈《秋怀诗》。“纵”字的引申意又有随心所欲、不受约束的意思。如果一个女人宽容她所爱的人到不约束他、随心所欲的地步，或者说，放开他、舍掉他的地步，也就是“纵容”的地步，那就说明，他已经无力去爱，无法去爱了。

宽容不等于纵容，就像放风筝，你可以把线放得尽量长，却不能把线剪断，否则失去线的约束，风筝也就失去了存在的必要。有时候，看起来是约束你的东西，其实正是保存你的东西，正像草原上羊的数量受狼的控制约束，但是一旦狼群数量锐减了，羊群也会慢慢减少、消失；又比如人人都受道德规范的约束，可是一旦规范消亡、道德沦丧，人类还会存在吗？婚姻也是这样，表面上你觉得对方处处制约你，可是一旦这种制约消失了，你们的婚姻也就走到了尽头。

所以，对待婚姻中的双方关系，宽容可以，纵容却要不得。宽容和纵容之间是有界限的，超过一定的界限、一定的程度，宽容也变成了纵容。

那么，宽容和纵容的界限在哪里？在哪种情况下，不要再接着宽容自己的丈夫呢？

★当他的行为违背做人的基本原则，或者是触犯法律时，就不要再宽容他了。美国有一个男人同时拥有两个家庭十年之久，每个家庭轮流待一个月，不在的一个月中则谎称出差。这样的情形维持了十年之久，可以说除了两个女人的失察之外，她们对丈夫的纵容是难辞其咎的。枕边人有什么变化，妻子肯定第一个知道，不要说什么你最后一个知道，那是不可能的，只不过你想自欺欺人而已。当他的思想出轨，你也许只觉得他有些心不在焉；当他真的出轨时，你的身体会在第一时间告诉你他有何不同。婚姻是唯一的，不要打着宽容的旗号，打着为了孩子着想的旗号，容忍老公的花心出轨，那不但亵渎了你们的爱情，同时也触犯了法律。

★当他对你的宽容、你的付出视为理所当然的时候，就应该提醒他不要太过分了，否则就是纵容他亵渎你的真心，纵容他继续犯错误。文的丈夫在一家律师事务所任职，每天忙忙碌碌，根本无暇顾及她和孩子，这些文都默默宽容了他，毕竟丈夫也是为了这个家。可是当文觉得委屈、向他抱怨、希望他说几句知冷知热的话或者表现出对她有所怜爱的时候，丈夫却说："又不是我逼你这样做的，你有什么委屈的。"很多时候，男人的脾气都是女人纵容出来的，当他视你的真心、牺牲为无物，视你的忍让、宽容为理所当然，你就有必要警告他不要太过分了，否则，就是在纵容他继续冷落你、虐待你。

★在你能够承受的限度内容忍他，宽容他，但当他做了让你难以忍受的事的时候，不妨来一次总爆发。比如，丈夫不喜欢做家务事，你总是包揽所有的家事，做饭、洗衣、打扫，这些你都可以宽容。可是当你病了，躺在床上，他还是像小孩子一样不给你做饭，不体贴你，你能够忍受吗？不能忍受就要爆发，否则就是纵容他把你当成保姆。

总之，宽容是有限度、有分寸的，一旦你的容忍超过了一定的限度，宽容也就变成了纵容。女人要掌握好宽容的尺度，拿捏好分寸，这样男人才会既自由，又负责任，才能在安全限度内使家庭更加和谐。

※男人最渴望来自女人的理解与宽容

男人最害怕没有自由，最害怕受到来自妻子、母亲的约束，他希望自己身边的女人能够宽容地对待自己。长期以来，母亲的唠叨，情人的纠缠，妻子的约束，女儿的娇纵，女友的疑神疑鬼，女同事的挑剔、刻薄都让男人对女人有一种厌倦的心理，男人希望可以得到来自女人的宽容和谅解，得到女人的理解和关爱。

可现实中，男人肩负着母亲的期望、家庭的重担、妻子的荣耀、女儿的责任，他们身上的压力是很大的。女人对这一点认知不够，通常还会对男人有更高的期待和要求。她们一方面试图理解和宽容男人，一方面对他们提出更高的要求。男人一方面享受着女人的理解和宽容，一方面却又总感觉到她们背后的私心：自己呼朋唤友，她们放逐不管，不过想要享受贤惠的美名，一旦自己想休息了，不思进取了，她马上会跳起来骂自己没出息；自己可以整夜整夜地工作，打一会儿游戏却肯定会被唠叨不知体贴，不知爱惜身体。有时候真的不知道，女人真正关心的是自己，还是自己身上的光环；宽容的是自己，还是自己带来的利益。这样的宽容对于男人来说，不是什么幸运，反而是一种折磨。

那么，男人渴望得到怎样的宽容？男人渴望女人在哪些地方宽容自己呢？

★当男人不思进取时，他希望得到女人的宽容与原谅。男人并不总是需要鼓励，当奋斗累了，疲倦了，他想暂时地休息一下。这时，女人保持适当的沉默是一种宽容。很多男人在一生中都不能够一往无前，他们往往需要根据情绪的周期性波动而作出行为上的调整。表面看，你的男人这段时间可能无所事事，对任何事情都兴致缺缺，实际上他也许正为下一波的努力养精蓄锐，这时候，快鞭打牛的方法可能会激起男人的不满和叛逆情绪，使其更加不思进取。此时，对待男人周期性的倦怠，适当的沉默和宽慰是一种好的方法。

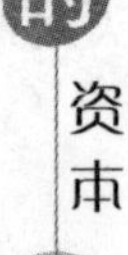

★当他想从异性那里寻找安慰、倾吐苦水时，妻子能够容忍自己的男人和其他的女人正常交往是一种宽容。虽然对于妻子来说，这是一种折磨，但是很多时候，男人确实需要红颜知己，这和出轨没有任何关系，只不过是男人向异性倾诉的一种需要。但是可以肯定，这种事情不被作为局内人的妻子理解，所以只好寄希望于红颜知己。现代人对于红颜知己这个词总是有一种暧昧的理解，其实，红颜知己和知己是一个意思，就是两个人对于某件事常常是意见一致的，想法也总是不谋而合，知道彼此的心事，仅此而已，只不过对方是个女人。有些不便与妻子、哥们儿分享的心事，男人也只能跟女人说，妻子如果能过容忍丈夫和其他女性的正常私人交往，也是一种大度。

★当他欣赏其他女性时，表现出你的宽容之心。在街上走路，女人更喜欢看的不也是那些帅哥吗？当你看电影、欣赏时装秀、看自己不感兴趣的球赛时，不也在不自觉地对比男人们各自的美吗？只能这么说，人类天生有欣赏异性的需要。能够更好地品味各种不同风格的女人的美，才能够更珍爱自己的枕边人。

当男人在你面前夸夸其谈甚至吹嘘炫耀时，面带微笑地把他说过一百零八遍的英雄往事听完。男人喜欢在女人面前吹牛，尤其在自己爱的女人面前，他们会一再地提醒你自己是一个多优秀的男人。这时候，宽容一些，专注一些，不耐烦地打断他们可能会让他们的信心崩溃。

★当他沉迷于没有意义的小事时，不要表现出你的惊慌失措，允许他稍微沉迷一下，这也是一种宽容。男人总是有一些下意识的、无意义的动作，比如发呆，比如拿打火机的盖子扣来扣去，比如沉迷于一种很暴力很简单的小游戏。他们总是通过这些来达到心理缓冲的目的。面对这些行为，允许是更好的关切方法。

总之，男人们非常渴望来自女人的理解和宽容，当你在他们心思不定的时候，用特殊的方式表现出你的宽容、理解和关怀，他们会非常感激你，继而会更加爱你。

第5章 幸福女人巧驾驭：让爱情婚姻不偏离轨道

✻做个“驭夫”高手，女人必懂的“驭夫术”

驾驭丈夫和驾驭马匹其实是一个道理，只有彼此熟识了，才能够做到心中有数。

驾驭马匹的第一阶段就是从喂马开始，慢慢地和他培养感情，让它认为你是安全的，和你在一起是舒适的，对你产生一定程度的依赖。然后才是上马，培养出驰骋的默契，能够做到一个指令一个动作，只要你轻轻地一拉缰绳或者轻轻地一夹马腹，它就知道你的意图，按照你的意图去做。男人当然要比马复杂得多，但是道理却是一样的，步骤也是一样的，首先就是要彼此熟悉，然后再慢慢培养默契。

驭夫的第一步就是不要让他感觉到自己是在被动做事，是被强迫的。因为这样的意识一旦产生，就算他帮你做家务，也总是觉得自己心不甘情不愿。聪明的女人会让男人心甘情愿地为你服务，而不是被迫无奈，这就需要足够的智慧来表达你希望男人帮你做的事。比如，“为漂亮的女士开车，是一个绅士的风度。”“你忍心柔弱的老婆提那么重的东西吗？”“老公上次做的那道鱼香肉丝堪称绝品，不知道今天愿不愿意再显身手，让我享享口福啊？”“你是一家之主嘛，这样困难的事还是老公才能搞定呀！”

第二步，要想利用老虎，就要舍身饲虎；想要老公帮你，没有代价怎么行呢？那种又想马儿跑、又想马儿不吃草的人，最终会两头落空。想要老公忠于这个家庭，你就得首先付出，付出你的爱，你的青春，你的智慧。让老公觉得你为他付出了很多，他才会回报你更多。婚姻的本质也是交换，不管是平等交换还是不平等交换，坐享其成、总让一个人付出是没有道理的。

“驭夫”最重要的原则：女人首先要做好自己，对自己好。你见过哪个骑马的人用马鞭抽自己吗？即使是自己犯了错误？

女人做好自己就会变得非常可爱，而男人是喜欢可爱的女人的。男人和女人是不一样的，女人爱男人，看重的往往是男人对她好不好；而男人爱女人，看重的却常常是这个女人可爱不可爱。可爱的话，一举一动都会令他神魂颠倒，他可以为你赴汤蹈火；不可爱的话，你做得再多也不一定有用。所以做好自己，绝对比讨好男人要重要。

以下，就教给女孩子们几招具体的“驭夫术”。

★撒娇，绝对是女人的撒手锏，无论你是十八岁还是八十岁，都不要忘记女人撒娇的本能。无论多大的事，犯了多大的错误，在男人那里，撒一撒娇也就过去了。尤其是在两个人产生矛盾的时候，撒娇扮痴，是熄灭男人怒火最有效的方法。想一想自己一个大男人和女人斤斤计较实在没意思，也就不好和你再战下去了。

★温柔有度，平时尽可能对男人施展你的温柔攻势，当然，温柔不是绝对付出，不顾自己的尊严。一旦你的温柔得不到回报，他反而安之若素，把你的付出当成应该的、欠他的，你就有必要适度收回你的温柔付出，让他尝一尝野蛮女友的厉害了。平时温柔的女人，野蛮起来格外让人欣赏，偶尔扮一次野蛮女友，可以使你们之间更有情趣，使你的形象更丰富，老公也会更重视你。

★在外人面前给他留足面子，如果他太过分的话，就在私底下狠狠地修理他。男人的面子比里子重要，在众人面前让他下不来台，绝对不是明智之举。而一味地迁就他，面子里子都给他，会使他更加狂妄，不把你放在眼里。

★如果你不想离婚，就不要用重话侮辱他。日常生活中夫妻两人肯定难免吵闹，但是吵闹也要有度、有限制，不要辱及他的人格、能力等。尽量少吵，如果男人找茬，"晾"比吵管用，大吵比小吵管用。这等于告诉他，如果你不想把事情闹大，闹得不可收拾，最好不要找茬。当然前提是你是一个不爱找茬吵架的人，你喜欢和谐的环境。

★培养老公参加家务劳动的兴趣。男人普遍不爱做家务，但肯定跟女人"他不想做就不要勉强他了"、"指使他擦个桌子，比我自己擦两张桌子还费劲"、"一个大男人，弄什么都不干净"的想法有关，如果你不想把自己变成一个免费家政人员，如果你想自己的丈夫更爱家，对家更有热情，就要让他参与家务，不管他做得好不好。当然，让他做事之前要有体贴的行为，要宣传现在居家好男人的观念，无论他做得好还是不好，都要称赞表扬，并且进行奖励。

任何事情都要按照规律去做，遵循一定的法则，"驭夫"也一样，抓在痒处，才能有成效。懂得驭夫之术，你的婚姻才能朝着既定的方向前进。

男人不回家？对症施药有成效

男人不回家的借口不外如此：工作太忙需要加班，陪上司去应酬，和同事聚会了，又找了一份兼职，等等。但是他们不回家的真正原因不过两个：一是家的吸引力太少，二是外面的诱惑太多。

如果是真的和朋友聚会，和老板应酬，我们必须支持，必须理解。可是，外面的事不可能总是那么多，如果男人连续很长时间都很晚才回家，或者干脆等到你睡了才回来,就有必要注意了。

这时候可能男人就不仅仅是去应酬了那么简单,当然也不会是像你想象的是出轨的前兆那么糟糕,可能仅仅是因为他厌烦了回家,惧怕了回家。家对他的吸引力已经太淡了,想要让他变得像蜜月时候一样每天急匆匆地赶回家,就要想出好的对策,对症下药,才能富有成效。

那么男人不爱回家的原因都有哪些,又可以采取怎样的对策来应对呢?

★男人觉得家不需要他。这样的妻子是最失败的,她可能很强势,把家里的一切都打理得井井有条,家里的任何事都要由她做主,处理得也很公平。但是这样做却让男人觉得这家根本就不需要自己,他回家只做两件事:吃饭和睡觉,其他一切他提议的活动和更好的建议都被妻子漠视或者否决了,那他为什么要回家?

对策:让男人参与家事的商量,偶尔让他们做一些家务,让他们产生对家庭建设的热情,人总是对自己建造起来的东西更有激情,也更喜欢。如果男人喜欢设计自己家的风格,喜欢做一些小的设计,不妨让他们去发挥,不要干预更不要否决。如果你有更好的解决家事的办法,不妨提出来供他们参考,就算有不同意见,也可以有一个折中的方案,千万不要让男人以为,你可以应付好一切,这个家不需要他。

★生活步调不一致。很多女人都把在家中的生活安排得井井有条,并强迫男人适应女人的居家生活步调。单调地重复刻板的生活,肯定让男人觉得枯燥无趣,让他想要逃避。家对于男人来说,只是征战后休息的地方,更应该轻松和温馨,按部就班的居家生活肯定不能满足男人丰沛的精力和兴趣。

对策:让男人来主导下班时间的"夜生活",是要安静地待一会儿聊聊天，还是要出去疯狂一晚，都由他来决定。丰富自己的业余生活，在生活中注入新鲜的男人感兴趣的元素，给男人预留一些施展空间。

★难以和女人进行思想交流。婚后的女人整天疲于应付工作、家务与孩子，不再是一个安静与耐心的倾听者。当男人想对她倾诉工作中与生活中的烦恼时，她却记挂着家务和孩子，显得心不在焉。面对心不在焉的妻子，男人只好把想说的话咽回去，把自己内心的苦恼或得意事说给他的好哥们或者红颜知己们，以获得他们的安慰或赞赏。男人爱表现，爱吹牛，爱自以为是，希望获得别人的肯定和赞赏，但在妻子面前却很少得到。所以，男人更喜欢与朋友相聚，以获得心理上的满足。

对策：如果丈夫想和你讨论一些事情，一定要慎重对待，积极地肯定他的业绩，认真地倾听他的委屈、烦恼和得意。分享他的喜怒哀乐，积极地寻找心理和情感上的共鸣，两个人的心才能不断靠近。

★家庭氛围不和谐。男人不想一进家就面对一张冰冷的面孔，面对空荡荡的屋子和冰冷的锅，更不愿面对自己老婆的数落和喋喋不休的废话；男人不喜欢家里迎接自己的是争吵或冷战，更不愿意回家看到一屋子的女人在打麻将，或者在叽叽喳喳地议论家长里短。

对策：创造和谐温馨的家庭环境，让丈夫感到家的舒适和放松。家庭毕竟是安放身心的地方，是心灵的温馨停泊处，如果连回家也不得安宁，不得放松，男人怎么还会乐意回家呢？

★妻子不信任。有些女人和老公在一起，喜欢谈论书刊、电视剧或周边朋友中失败的婚姻和男人的负心。她以为自己的旁敲侧击是在防微杜渐，其实她是对男人不放心，对婚姻前景不够乐观。男人当然不愿意回家以后还要和妻子捉迷藏，猜测妻子话里话外的含义，更容忍不了妻子的疑神疑鬼、百般猜忌，于是退守自卫，远离战端，乐得清静。

对策：尝试着在说出那些猜忌的话之前咬住自己的舌尖，给男人一点信任。不信任男人，也反映了女人的不够自信。做好自己，拥有自己的事业会让你更安心。

男人需要一个温馨的家，也需要一个关心爱护信任他的好老婆。如果有一个不爱回家的丈夫，请先找一下自己的原因，再去找外部的因素。

＊“拴”住男人心，爱意久久在

要了解男人、拴住男人的心其实很简单，一句话就能概括：“食、色，性也！”这句话的本意就是，吃好吃的东西，好色是人的本性，这句话用在男人身上是百试不爽的。

“要拴住男人的心，首先要拴住他的胃”，这句话可谓是耳熟能详。尽管有人反驳，觉得妻子的魅力应该反映在更重要的事情上，或者提出“永远不要修炼主妇课程”之类的话，还是有很多主妇深信不疑。

一天的疲惫之后，在温暖的灯光下，有一个系着碎花围裙的小女人在为自己的晚饭忙忙碌碌，厨房里溢出温暖的饭菜香，这是多少男人对于家的温馨梦想啊！在男人的世界里，对于食物的想象，绝不仅仅是饱腹那么简单。温馨的家常菜让男人记起女人的所有付出，让男人回到他单纯的童年记忆中，想起母亲为食物忙碌的时光，不自觉地对家产生一种眷恋的感觉。假如男人一进家看见的是女人敷着黑色、绿色面膜的一张脸，该是多么可怕的体验啊！男人还有回家的兴致吗？

现代的爱情和食物一样,变成了速食的,很多女人不再为男人下厨。但是女人必须要承认,再豪华的酒店也做不出家常菜的味道,因为那是女人的爱、女人的心情凝结成的食物,有着别样的味道。如果你在家中总是以速食面应付一日三餐,不仅仅是对你们家庭的不负责任,同样也说明你缺乏女人的情趣。不爱厨房不爱做饭的女人是有缺憾的,她体会不到为心爱的人准备食物的美好心情。据调查,通常不爱厨房的女人性情都是冷冰冰的,比较自私;而爱厨房的女人,则比较可爱又浪漫多情,她会用做好吃的饭菜来表达她的爱意,这是女人的专利。

不必让自己有大厨般的技艺,女人只要能够做好几样拿手的家常菜就可以了,当然,能够花样翻新更好。男人吃够了应酬宴上的山珍海味,还是清粥小菜更能讨他的喜欢。有营养保健价值并且应季的各种煲汤也很合他们的胃口,比如,夏天冰镇的冰糖莲子粥、绿豆汤,秋天的干贝萝卜汤等。当然,女人不必每天都耗在厨房里,但是每天煮一顿晚饭是比较合情合理的。

再者,如果遇到丈夫和三五好友相聚,一桌色香味俱全的好菜,肯定让男人们食指大动,让你的老公倍感有面子。这同样也会为你的老公带来更多的好朋友,好的人际关系,这可是无法估量的财富,男人会因此更加爱你。

干净、整洁、温馨的家庭环境,也是拴住男人的因素之一,现代女性因为工作忙碌、压力大,很多人已经顾不上收拾家了,常常弄得家里一片狼藉,男人肯定有意见。就算男人每天只有六个小时在家睡觉,也希望一进门的时候看见的是整洁的环境,温馨得让人放松的闲适氛围。男人喜欢那种即使家建在沙漠里,也会把家庭打理得井井有条、温馨舒适的女人。因此有的女人就走了另一个极端,把家打理得纤毫不染,地板擦得能照见人影,让人不忍心踩上去;床单铺得一个褶都没有,让人不忍心在上面睡觉;动辄批评男人没有把书、杂志放回原处，在床单上洒了一撮烟灰……这肯定更让男人发疯，家的标准是整洁、温馨、有情趣，而绝不是什么东西都要消七八遍毒才放心，什么东西都要小心翼翼地使用。

男人好色，这是更改不了的天性。如果有一位与自己心灵和谐的美丽娇妻，男人肯定会感觉非常地幸福，任何场合都希望把自己的妻子带上，炫耀一番。这就要求女人要在自己的魅力方面下工夫，先天不足可以后天来补。适宜地打扮，合理地打理自己，都可以让女人的容颜增色。要提醒的一点是，女人在家中尽量不要化妆，家中必定是两个人的世界，是温存的地方，如果吃到一嘴巴脂粉口红可是非常令人尴尬的哦！

除了本身的魅力以外，女人还应该有丰富的生活情趣，有浪漫的情怀。男人眼中的浪漫，绝不是豪华的烛光晚餐，也不是千篇一律的玫瑰花，情趣内衣。他需要女人能跟他一块疯，一块玩，和他有共同的兴趣，兴致勃勃地参与他喜欢的每件事。当然，女人还应该有自己独立的情趣，但却不一定强迫男人去参加。

当男人意识到，他身边的这个女人是丰富多彩而又风情万种的；是爱着他、忠实他、支持他，而且非常可爱的；和她在一起生活，令他舒适、放松、快乐，他的心就会被她所牵引，两个人才会奏响琴瑟合鸣的幸福乐章。

表达自己的爱意，用情征服男人

女人的强势向来征服不了男人，男人可能会因为妻子的强势、纠缠不休而感到疲倦、感到敬畏，但绝不会因此而产生爱、产生怜惜。想要征服男人，驾驭男人，想要俘获男人的心，就必须用感情来征服他。

从广泛意义上来说，男人喜欢每一个相貌俊俏的女人，甚至希望和多个女人有暧昧关系。如果法律允许，他们甚至会拥有多位伴侣，满足自己不同的需求，满足自己对女性的不同幻想。但是每一个男人一生中都会遇到自己想携手共度一生的女人，这个女人肯定不只是自己的激情所需那么简单。这个女人让男人强烈感受到自己被爱着，她可能扮演多重角色，他的女儿，他的爱人，他的母亲，他的知己，但无论是哪个角色，都会让男人感受到不同角度的、不同种类的强烈的爱意。

电影《威尼斯之女》中曾有一些经典的台词："看着这些忙忙碌碌的男人，在他们一天辛苦的劳作之后，无论是贫贱还是富贵，他们都渴望维纳斯的光顾。""男人们喜欢我，是因为我满足了他们对于爱情的幻想，唤醒了他们的爱情……"这个电影同时也揭示了为什么妻子受冷落的原因，因为她们受到束缚，灵魂僵硬，缺乏感觉和爱。男人们堕入政妓们的怀抱，是因为她们自由，坦荡，爱自己，爱欣赏她的男人们，有教养，有尊严。

看过这个电影你就会明白，女人之所以能够吸引男人、征服男人，是因为她们的思想，她们的爱情。一个女人如果能够做到在她看着男人的时候，让男人感觉"他是自己眼睛里唯一的男人，"那么，他凭什么不爱这个女人呢？男人会心甘情愿地被这样的女人征服。不可否认，很多男人之所以出轨或外遇，是因为从她们那里可以得到爱，得到尊严，尤其当他的妻子是一个非常强势或者非常冷淡、刻板的女人的时候，男人会更加有这种渴望。

当然，女人表达自己的爱意要有独特的技巧，充满爱意的迷离的眼神，微微撅起的红唇，呢喃的爱语都可以帮助你把自己内心的感情表达得淋漓尽致。虽然很多女人表达自己爱意的方法是把自己的爱，融入每一次的"洗手做羹汤”里，融入日常的关怀和安慰当中，融入每一次亲密当中，我还是建议女人把自己的爱意表达出来。东方女人普遍比较含蓄，当然也可以理解为缺少表达爱的能力，男人是比较迟钝和粗心的动物，女人羞涩的暗示有时并不会让男人感受到爱。

有这样一个小故事，妻子在被子里轻轻地说“早点睡吧”，男人回答说“你先睡吧，我等会再睡”。女人又说“被子里太冷了”，男人把一个热水袋递给了她，这样的男人真的让女人哭笑不得，欲哭无泪。但是，你得承认，很多男人真的就是这样不解风情，因为他们的感觉神经比较迟钝。所以，你想要做什么，表达什么情感，不妨直接说出来，否则，他们可能感觉不到。多对男人说几次“我爱死你了”“你对我真好”，肯定比为他做饭、操持家务、给他送伞效果好得多。

我的一个好朋友，她常常表达爱的方式就是唱一句“老公老公我爱你，就像老鼠爱大米，一口一口吃掉你”，然后应景地抓住老公咬两下；要不就是在老公早上上班之前郑重地说一句，“我忘了一件事，我爱你，老公我今天是不是还没说?”这几种方式都让她的丈夫非常爱她。

做一些让他难忘的温馨事，比如在下大雨的时候帮他送伞；在他加班到很晚的时候，给他留好夜宵，帮他留灯。当男人疲倦地回到家，看着黑暗里那一抹小小的、昏黄的灯光的时候，心中会充满无尽的感动。当孩子做了一件让你无比骄傲的事，别忘了和他一起分享，因为这是你们共同的成果。

这些仅供那些不善于表达自己爱的女人来参考，让他知道你爱他，同时给他爱你的理由，引导他慢慢地唤醒对你的爱意。当你身边的男人发现他已经从灵魂深处爱上你了，已经离不开你的陪伴了，已经依赖你的爱情了，你就获得了征服他的资格，他的心就属于你了。

✻拉好缰绳用对鞭，驾驭好婚姻这部车

婚姻是一辆马车，马的缰绳却往往掌握在妻子的手里，想要马车向左还是向右，快进还是缓行，后退还是前进，去山顶还是去悬崖，往往取决于妻子的一举一动。

这么说当然是有根据的，家庭、婚姻是女人的事业，女人会把家庭当成生活的重心甚至生活的全部，男人却把家庭当成暂时休息的地方，因为他们的战场更广阔，所以，往往需要一个好女人守好他的整个后院。老人们说得好："男人在前方征战，女人在后方守城；男人负责夺取更多的战利品，女人负责把他的战利品守好；男人负责开疆拓土，女人负责守护家园，让后院安宁富足，不起火，当男人需要撤退的时候，保证有地方去，是女人的责任。"

所以，对于维护婚姻、维护家庭这样的事，还是要女人多做努力。事实上，因为男人心胸宽广而又志不在此，很多男人对家事的处理态度是无所谓的，是漠然的。对两个人之间的感情，也不如女人想象得那样复杂，那样细腻深刻，对婚姻之外的女人更是无所谓。所以，只要你不纠缠于丈夫的小毛病，不整天对丈夫疑神疑鬼、唠唠叨叨，不纠缠于鸡毛蒜皮又莫名其妙的小事，很多男人是乐得逍遥的。男人很少会主动挑起战争，很少会责备妻子，也很少对女人不满，只要你不过分，可以说，男人是不会在意的。

很多男人要的不是刻骨铭心的爱情，爱情对于他们似乎是可有可无的。如果是这种情况，女人费尽心思想要"拴住"男人，想要"驾驭"男人，其实大可不必，因为男人很少在意。你在这费尽心思地琢磨讨好男人的方法，他只

当作女人的一种小把戏，而且早把这种小把戏看得透透的，不但觉得无聊，而且觉得反感。其实只要你为他守住家，守住他的父母孩子，他是不会辜负你的。而想要和他的关系更进一步，却是千难万难，任何的举措看在他的眼里，都是那么可笑；任何的醋意、嫉妒、小把戏都不值一提，除非他真的爱你。

更多男人要的不过是和谐的家庭。他们也需要爱，但肯定不是女人们理解的那种偏执、狂热、激烈的爱，而是一种柔和的、宽容的、温馨的、包容一切的爱，这种爱的首要条件就是温和，是和谐。所以，当一个女人让男人感觉苦恼、感觉烦躁，他就会逃离这个家、这份爱。女人要了解男人的这种心思，才能更好地驾驭婚姻这部车。

家中的一切都可以由你做主，除了他特别交代你的事情，比如对他的父母，对他的上司、同事的事情。孩子的教育也可以由你做主，只要不是他非常反对的方式，就可以任由你。当他特别提出某件事的意见的时候，最好尊重他的意见，因为他很少在意一件事，很少表达反对意见；不要总是和他找茬吵架，因为男人一般比较善于隐忍，一般你不找茬，他是不可能跟你吵的；不要因为一些小事给他脸色看，如果出门要看上司的脸色，回来还要看老婆的脸色，任何一个男人都会心生不悦。

要想在婚姻这座围城中获得幸福，本身就不是一件容易的事。驾驭婚姻也是一件很辛苦的事，家庭往哪个方向走，需要你的努力，更需要缘分和运气。总之对于那些对家庭和婚姻做了最大努力的女人们，只能谋事在人，成事在天，毕竟是否继续一起生活的决定权不止是在你一个人手里。就算最好的驾车师傅，也不能保证他的车不出任何事故，意外总是难免的。

中篇 感情持久的诀窍是保鲜

经过长时间的相处，婚姻已经进入比较稳固的阶段，女人们在婚姻中相应地也就更如鱼得水了，但是这时候我们最容易忽视了感情的保鲜。

爱情保鲜的方法有很多，如果想要两个人的感情始终如热恋时候一般热烈，那是不现实的，但是能够在平凡的生活中增加一点温馨的色彩，增加一点激情和梦幻则是很容易办到的。我们要充分运用女人的细腻和浪漫的特质，为婚姻制造一点浪漫，增加一点情调，点燃婚姻的激情。

常言道：没有情爱的婚姻就像一潭死水，而缺乏性爱的婚姻好似月色无光。人海茫茫，有缘才能相会，我们要珍惜彼此间的情缘。性爱，犹如低吟浅唱的小夜曲，随风入夜，轻轻飘荡。性爱，是婚姻生活中散发的一缕缕芳香，它不仅是肉体之约，更是心灵之约。我们要学会从肉体到精神的互相吸引互相融合，使婚姻更加幸福、美满。现在就开始我们的婚姻保鲜之旅吧。

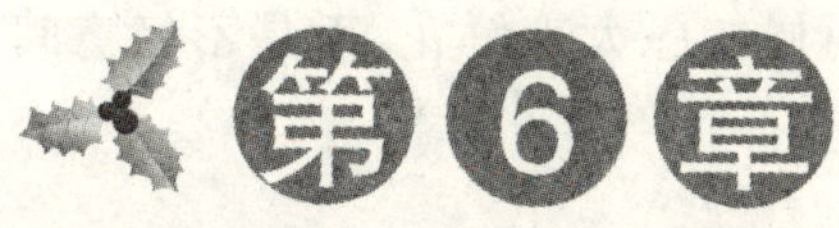

第6章

来点浪漫：让生活绚丽多姿

✳用女性情怀感受生活中的浪漫

对生活充满希望、充满憧憬、充满幻想的女人，更容易享受和制造浪漫。字典上对于"浪漫"的定义是富有诗意，充满幻想。所以很多时候，浪漫并不是刻意地制造出来的，而是浪漫情怀的一种随意的表现；很多时候，浪漫并不是你生日时候的一大束鲜花，而是不经意间，枝头上盛开的一树桃花。

记得去年春天，我和好朋友们去挖野菜，大家三个一群，两个一伙，一边窃窃私语，一边细心地处理着身边的野菜。当我抬头看到满树的桃花盛开，于是便向看管桃园的老人请示，我和朋友每人摘了十几枝桃花，做成了花环去跳舞。休息的时候，大家都说我们两个像花仙子，好浪漫。后来我把编成的花环和野菜一起向老公炫耀，没想到老公也是个很解趣的人，第二天我们卧室里就多了一大束桃花。

很多时候，浪漫并不在于你能够制造，那些有着明显的人工雕琢痕迹的浪漫反而把浪漫的气氛、浪漫的本意给破坏了。浪漫在于诗意，在于幻想，在于随意挥洒；浪漫不是满室温馨的灯光，而是屋外遍洒的月光。有朋友曾跟我们分享她和老公最浪漫的事，说他们一次郊游，住在了一个单独的农家小院里，他们在月光下漫步，并在草地上无拘无束地亲密，当他把原本一朵不起眼的小花放在她的嘴边欣赏时，她真是感动得想哭。

所以说，浪漫是一种情怀，当女人有这种情怀时，无论是枪林弹雨还是城市的水泥丛林之间，都能够享受到那种美好的感情。记得我在一生中最困厄的日子里，在日日以泪洗面的压力下，曾经登上尚未修好的立交桥，和那些淳朴的农民工一起欣赏落日的辉煌。当我躺在密密麻麻的钢筋之上，感受到的是烈日的余温，看到的却是恢弘的落日，肉体和精神的折磨一起离开了我，我只是感到世外桃源一般的静好。

女人对于浪漫常常有自己的感觉、自己的解释，每个人对浪漫的体会都是不一样的，但是渴望浪漫的情怀却是一样的。想要浪漫的女人首先一定要对浪漫敏感，善于幻想，善于借助不同的情境想象并制造不同的浪漫。对于情人间的浪漫，女人要善于调动自己的感官来感受和丈夫相处的美好感觉，并把事情向着美好的、浪漫的方向推进。那么，聪明的女人怎样制造和享受情人间的浪漫呢？

★首先，女人要热爱生活。一个对生活不抱任何幻想、对生活没有热情的女人是学不会浪漫的，再多的浪漫对于这样的女人来说也是浪费，因为她们看不到生活中的美好，感受不到身边的温馨。永远保持你对生活的热情，保持你对美好情趣的敏锐感受，才能更好地享受浪漫。

★通过幻觉来调动自己的感情，调动两个人之间的感觉。可以说，缺少了幻觉的浪漫，就像缺少了盐的菜一样难以下咽。把你身边平凡的他想象成 F4 一样的帅男，把你们所做的傻事想象成初恋时的样子，这样，拥抱、亲吻甚至并肩而坐都变成了非常美好的事情。说一说过去美好的回忆，说一说对未来的憧憬，幻想一下你和他脸上幸福的光泽，这样你们之间就觉得浪漫多了。

★高兴的时候不要说扫兴的话。如果丈夫刚刚搂住你的肩膀，或者爱怜地抚摸了一下你的头发，你却没有感受到，只是急急地说“别闹了，我还没刷碗呢”“先让我去刷牙”这类扫兴的话，立刻把所有美好的感觉统统赶走了，让男人怎么喜欢你呢？不可否认，浪漫是两个人的事，对于那些破坏两个人之间气氛的语言、行为、动作，要坚决改掉。

总之，浪漫靠的是你的小女人情怀，靠的是一言一行中流露出来的诗意，靠的是欣赏的眼光和对气氛的掌控和调节。如果夫妻双方有一个人不解风情，就应该由另一个人常常提醒他，常常做一些令他感动的事。浪漫有的时候就是玩花样，玩出与众不同又令对方感动的花样。情人间的浪漫有时候是一种无法言喻的东西，只有靠女人敏锐的感觉去捕捉，用幻想、诗意去想象，才能够感受到。有想象力的、有激情的、有梦的女人，才会享受到更多的、更高质量的浪漫。

※挥洒你的浪漫，让现实生活处处有生机

浪漫不是空中楼阁，它必须建立在现实中才有意义，因此婚前风花雪月式的浪漫注定不能维持长久。我们要学会把自己的浪漫情怀点缀到现实当中，学会在枯燥乏味、疲倦无奈的现实中发现和制造一些浪漫。

只要是有情怀、懂风情的女人，都能够随时随地地发现和创造一些小小的令人感动的浪漫。浪漫是从环境到身心的，让浪漫的情怀感染两个人，却需要一个人的引导力和另一个人的感受力。在现实中的每一个角落都种满浪漫的种子，它才能四处开花。浪漫不是讨对方欢心的方法，而是取悦自己的武器；不在于刻意地追求，而在于随心所欲地挥洒。只要在日常生活中善用自己的小幽默、小智慧，处处都可以点缀浪漫的花朵，处处都能够弥漫浪漫的气息。那么，我们要怎样把一个女人的浪漫多情展现在现实当

中呢？

★制造浪漫的环境氛围。闪着蓝色幽光的小壁灯，修剪得非常漂亮的各种花木，各种造型的茶具和玩偶，都可以把你们的居住环境点缀得非常浪漫。保持家中清新、优雅的大格局，在这种大格局中，适当地添置一些小女人情怀的抱枕、碎花的窗帘，卡通造型或图案的杯勺，各种既有趣又有用的置物柜、置物筐，都可以为家庭增加浪漫的氛围。想象自己有一双仙女的巧手，把各种东西都摆放在恰当的地方，让你的家像仙居一样舒适清雅。

★在各种节日、纪念日里，想一些浪漫的招数来引起双方的共鸣。不要一想到浪漫就想到那些俗气的鲜花、巧克力、烛光晚餐，虽然那些是流行数千年不变的浪漫主题曲。主题曲听多了是不是更想听一些别致的，清新的小调？在《你的生命如此多情》里，男主人公为了庆祝女主人公的生日，在房间里升起象征女主人公21岁生日的21只气球，他们俩一起跳起来，用针戳破了当鞭炮听，那一幕使许多人印象深刻。想一些这样别致的小花招，比那些所谓的浪漫要好多了。

★穿特制的情侣衫。穿一件自己精心设计并请人特制的情侣衫，要比满大街流行的衣饰更能显示你们的浪漫情怀。浪漫是什么，浪漫就是属于你们自己独特的、有诗意的东西。我曾经看到一对情侣穿着情侣装，上面的文案特别有意思，女孩的衣服上面写着“我只吃饭不刷碗”，男孩的衣服上面写着“我只刷碗不吃饭”。短短的两句话，把两个人之间的和谐浪漫、诙谐幽默，以及男孩对女孩的疼惜都展现出来了，非常温馨，非常有情趣。

★把浪漫和你们的兴趣爱好联系在一起。比如两个人都喜欢旅游，并在景点处留影，不妨把那些你们曾经用过的车票、景点票、明信片、照片等，做成一系列拼贴画。这样当你们希望共同回忆曾有的甜蜜时光的时候，就有了一个凭证和慰藉。如果对方喜欢户外运动，不妨把你们每次的户外运动之旅用日记的形式保存下来，把其中的一些趣事、发生过的险情、你们两个人的心情感受等记录下来，作为某年的结婚纪念礼物送给他，也是一件非常浪漫的事。

★把一些特殊的行为固定化。比如，把印着自己吻的卡片送给对方；把两个人的头发编在一起，取义"结发为夫妻"等。这些透着俏皮、情趣的行为，都将把你的浪漫细胞调动起来，带给你更多的感动。

★养一些代表你们两个的小宠物。比如，两条小金鱼、两只恩爱的小鸟，并给它们取上你们的名字，有不高兴的时候，对着你的小宠物去数落他，或者跟你的小宠物说几句悄悄话故意让他听到。比如，可以对着那只绿色的小鸟说"下次再让我看见你不听话，欺负你老婆，我就不给你吃饭了"；或者说"明天情人节了，你想给我什么惊喜啊，我可不想要玫瑰花，我要你唱歌给我听，唱那首《相亲相爱一辈子》"。表面上对着小鸟说话，可实际上，只要是有心的丈夫就能明白你的意思。当然，还可以用鸟儿传情，比如，教给你的鹦鹉说"说一千遍我爱你，少一遍，不饶你"，这样有趣又浪漫的传情方式，肯定能为对方接受，引起他的感动。

总之，只要你积极地想方法，随时随地都可以挥洒你的浪漫。把他的刮胡刀下面压上传递爱意的小纸条；用情侣对杯喝水；用十字绣给他做手机套，做汽车装饰；把代表你属相的小挂饰挂在他的钥匙坠、手机挂饰上，让你时时刻刻地陪伴他；为他亲手织手套、围巾。总之浪漫的形式是女人自己想出来的，是无法复制的，只要有心，就能够时时刻刻把浪漫点缀到现实的婚姻生活当中。

※信手拈来，教你做浪漫高手

刻意制造的浪漫虽然不像信手拈来的浪漫那么令人感动和温馨，但是对于一些特别不解风情的人来说，也总算是聊胜于无吧。对于有些人来说，让他们制造浪漫，就像是让猴子学会唱歌那么艰难，那么不可思议。他们的理性，他们的职业，他们的社会地位都决定了他们不可能像平凡的小夫妻那样随时制造和享受别样的浪漫。

很多公务员、会计师、测量师等，他们的职业要求他们有精确的思维方式、理性的大脑，因为工作的性质是严肃的，久而久之，生活上也变得严肃起来，不知浪漫为何物了。对于这类人员，他们的生活更加需要浪漫的点缀，如果你不幸成为这类人的伴侣，可能对于你的浪漫细胞和制造浪漫的手段有着更高的要求。

当然，因为对方并不奢望浪漫，所以对浪漫的要求也不高，那些用蜡烛和灯光焰火制造“我爱你”的声势盛大的浪漫对于他们来说是浪费感情。对于他们来说，浪漫是很私人的事，在公开场合声势浩大地表白，与其说是浪漫，不如说是在给他们难堪。那么，怎样制造属于他们、令他们欣赏的浪漫呢？就让一个浪漫高手教你怎样做：

★制造经典浪漫。这是他们能够接受的形式，去西餐厅吃一顿烛光晚餐，在优雅的音乐中，在闪烁的烛光中，在大束鲜花的围绕下，配上一点点红酒，饭后恰到好处地来一支交谊舞曲，肯定能为他们所欣赏和接受。你侬我侬的浓情蜜意就免了，享受完这些以后，让感情冷却一下，开车回家，继续你们美好的夜晚。这种形式虽然古板,但是每隔一段时间重复一次,是可以增加夫妻间的感情的。

★利用传统制造浪漫。比如在七夕之夜的时候,相传在葡萄架下,可以偷听到牛郎织女的私语。你可以把这个传说讲给他听,然后生拉硬拽地把他拉到一株葡萄架下,去听所谓的私语。当然,你只能听到对方的心跳。当对方不耐烦的时候,你可以轻轻地说:“你听到了吗?”“听到什么了?”“我听到牛郎说‘紧急呼叫织女,都一年没见了,约会还顾什么矜持啊,迟什么到?’我还听见织女说‘你这个不解趣的傻瓜,就没什么情话跟我说?’”如果对方不是太过不解风情,相信他会说一些你喜欢听的情话。

再比如,传说在情人节的时候,如果从门缝中能够看到一对恋人从门前走过,你将得到幸福。把这个传说讲给他听,并吩咐他守着门缝往外看。并不断焦急地问他“看到什么了,看到什么了?”解趣的人一定会有让你满意的回答。然后,把你精心准备的小礼物送给对方,一定能够享受到一个美好的情人节。

★和对方分享双方有共同爱好的事情。比如,两个人都喜欢看同一本书,与其互相抢来抢去,不如轮流读书给对方听,既温馨,又浪漫。当你静静地躺在床上,听他轻声细语地为你读书,那是多么好的一种享受啊。当然,换到你为他读书的时候,他也会有如此的心境。读完以后两个人交流一下看法和想法,你们的心灵就会更相契了。再如两个人都喜欢同一款游戏,不如一个人掌控键盘,一个人在旁边参谋支招,也是一件非常浪漫的事。

★利用幻想来制造浪漫。比如共同回忆以往的甜蜜生活,这时候可以拿着相册一边翻看一边回想过去的甜蜜。当然也可以憧憬美好的未来,尽量往细节方面幻想,想象着你们像两只小老鼠一样在你们的新房子里追来逐去；想象你们未来的样子；想象你们将来儿女绕膝、子孙满堂；想象你们一起环游世界的美妙旅程……其实这样对于未来的美好幻想同样也是非常浪漫的，能够增加两个人之间的甜蜜，能够让两个人更齐心地为美好的未来一起奋斗。

对于情侣们来说，缺少的并不是制造浪漫的金钱，而是制造浪漫的心情和情趣。套用一句旧话来说，生活中从来都不缺乏浪漫，缺乏的是发现的眼睛和创造的心思。学会制造浪漫，只要多花一点心思就足够了。

*给爱情加点料——"醋"是一种浪漫的调味品

懂得爱情的进退得宜，适当地让对方为你吃点醋，也是一件非常浪漫的事情。在烹饪过程中，为什么酸酸的醋能成为必不可少的调味品呢？因为它可以让菜去腥去腻，可以让菜尤其是凉菜的味道更鲜美、更独特。

夫妻间相处也是这样，两个人甜蜜得过了头，整天腻在一起，久而久之，再多的甜也感觉不出来了。在蜜中加入糖，更是多此一举，如果说吵架能够让两个人感觉有点小刺激，就像调味品中的辣椒，那么适当地让对方吃一点醋，则可以使你们之间的关系更甜蜜，更鲜美。

嫉妒是人的天性，情人间的吃醋，是爱的一种特别的表现方式，利用的就是人的独占心理。要一点小手段，玩一点小伎俩，让他吃点醋，适当的时候再向他坦白事情的经过不仅为两人的感情增添情趣，男人也会为你肯如此大费周章地为他造醋而高兴。一个手段高明的女孩子是这样为她的老公造醋的。

那是一个七夕节，老公一时忙碌，忘了给老婆买礼物。吃完晚饭，女孩子突然想起来似地说："呀！我的花忘在店里了。"然后煞有介事地就要去拿，结果一看表："九点了，这会儿店里也关门了，明天再说吧。"老公开始紧张起来："什么花呀，这么重要？"女孩子装作不经意地说："我大学时候的一个同学，追求过我的，不知道怎么又遇到了。他经常到我们店里来，原来我们店在东花市，他就常去，现在搬到了西花市，离他更近了，今天他还送了我一大束花。"老公怀疑地说："骗我的吧？"不可否认，男人普遍认为女人一结婚就变成了黄脸婆，缺乏人追求了。女孩子什么也没说，这回男人心里没底了，翻来覆去寻思了半天。

第二天，女孩子打电话给老公，故意让同事们在旁边起哄："你还挺受欢迎，什么时候请我们吃饭？"晚上的时候，老公下楼来接她，一看她手里没拿花便得意了："骗我的吧，花呢？"女孩子说："放在办公室了，明天就拿回来。"

第三天，女孩子买了一束花放在包里，老远就看到老公在楼下接她。这次，老公更加得意地说："你的花呢？"女孩子不紧不慢地从包里拿出花："我怕在公车上挤坏了，放在包里了。"男人的脸立刻变黑了，也不理她，自己回家去了。女孩子不紧不慢地跟在后面上了楼，若无其事地做饭吃，男人终于撑不住了："你以后不许和他再有来往啊。""明天我去给你买条项链，谁知道那天是七夕啊，我忘了嘛！"女孩子终于撑不住笑了出来，"好了，等我洗完澡，把花的故事讲给你听。"她慢吞吞地吃完饭，舒舒服服地洗了个澡，看老公一脸着急的样子，便忍不住把自己买花让他吃醋的事说了一遍，男人听过后，脸色终于阴转晴了。经过这几次心情一上一下的折磨，男人更喜欢自己爱搞怪的老婆了，女人终于证明了他的爱意，也觉得心里甜甜的。

对于因为婚姻中的倦怠而忽略了女人感受的男人来说，让他们吃一点醋，紧张一下，是很浪漫的保鲜爱情的方法，那么，怎样让男人为你吃醋，而且吃得有滋有味，并能增加你们之间的甜蜜呢？

★假装不经意地在他的面前赞赏其他男人。比如说“我们部门来了一个新主管，帅气逼人，把小女孩们迷得都找不着北了。”当你的老公表现出他的醋意：“你可是有妇之夫啊”，这时就可以鸣金收兵了：“那当然，我整天守着你，对再帅的男人都产生免疫力了。”酸溜溜的情绪忽然加进了蜜糖，比什么都能更有效地增加你们之间的感情。

★和他在一起吃饭或者看电视的时候，和女友们多发几条互动短信，发得多了，他自然就注意到了，然后就会产生你在跟哪个男人短信传情的幻觉。如果这时他质问你和谁聊得那么热乎，你偏偏不要告诉他，让他去猜，或者干脆转移战场。这些行为在他的眼里是一种做贼心虚的表现，他越发想要弄个水落石出。你就任他去折腾，当他发现其实你在和朋友发短信开玩笑时，他的心也就放下来了。这样的一提一放，却能够在无形中增加你们的感情。

★告诉他你曾经的暗恋对象。暗恋是一种精神上的恋爱，但是所有的暗恋都是最甜蜜的。尽管他知道你绝对不可能跟对方有什么，甚至很可能都不再认识对方，但是在你心的角落里，藏着这样一份一个人的爱情，他还是会想起来就吃醋的。这样的干醋会让他更爱你，更疼你，希望抹掉你内心中暗恋的痕迹。

总之，想要对方更在乎你，让他吃点醋是一种好的途径。正如有句话说，“若要情人更爱你，必须惹他生气；没有嫉妒的爱情不是完整的爱情，也不是真正的爱情”。当然，吃醋也要掌握分寸，偶尔为之是一种情趣，但是不要胡乱吃，更不要大吃干醋，要知道醋喝多了也是很危险的。

※游戏起来,为生活增添乐趣

适当地和伴侣、孩子做一些游戏,可以增加生活乐趣,也会使生活变得更加生气勃勃,温馨浪漫。在一天沉重、疲惫的工作以后,不妨暂时放弃那些传统的电视机和电脑游戏,试着玩一些简单的,淳朴的游戏,以增加生活中的乐趣。

游戏常常是孩子们最喜欢的,其实有童心的大人们也完全可以加入其中。成人的世界中有很多无可奈何、让人厌倦的事。如果一天枯燥的工作结束后,还要面对无聊的家庭生活,娱乐的方式除了看电视就是上网,时间久了,难免生出厌烦来。而多姿多彩的游戏正可以满足人们追求新鲜追求刺激的心理,暂时放下自己的成人身份,放下沉重的工作,多一份童心,多一份单纯的快乐。

适合夫妻两人共同参与的游戏有哪些呢?哪些游戏既有趣,又适合成人玩?

★猜拳,当你们决定不好由谁来掌控一件事情的主动权时,不妨由猜拳来决定。比如,谁也不想去做饭,与其大吵大闹一番,不如由猜拳来决定,谁输了谁做饭。当然,女人有赖皮的权利,一拳猜输了,可以三局定输赢,三局的结果还不理想,可以改成五局三胜,如果你五局也输了,那没办法,乖乖去做饭吧。双方通过这种方式,既从游戏中获得了乐趣,又达成了一致意见,家庭氛围自然更加甜蜜。

★亲子游戏,寓教于乐。比如教给孩子做游戏,或者和孩子一起参与游戏，或者两个人给孩子示范游戏的玩法，都是很好的增加乐趣的方法。当你们两人玩起童年时代的游戏，不仅自己会变得更加快乐，当孩子们看到你们之间彼此和谐的感情，也会感受到家庭的甜蜜，心理情感的发育也会更正常，更积极。

★适当的户外活动。比如选择一个风和日丽的春天去野地挖野菜，无论是三人行还是二人世界，都是非常浪漫的。目的不在于挖多少菜，而在于游玩。桃花丛中的留影，席地而坐吃起野餐、烧烤，肆无忌惮地在柔软的草地上打滚，和泥土亲切接触，这一切都会让你们的生活变得无限美好。或者去采摘园，一边采摘，一边嬉戏，相信得到的乐趣要比直接买水果吃多得多。沙滩、绿地、高山，都可以成为见证你们爱情的好地方。

★一起唱歌，或者学习某种乐器。不时找一首两个人都喜欢的歌曲来学习，在他想听的时候唱给他听，或者当他出差在外地的时候，通过电话唱给他听，想必是一项很浪漫的游戏，会使他更加想家，想你，即使有那么一点想入非非、蠢蠢欲动的小心思也熄灭了，可谓一举几得。

★在他做家务或者做非正事的时候，不妨使点儿小坏招，不时打扰他一下，也是一项非常好的游戏。这种淘气式的玩笑和游戏，最能够激起男人的激情和无可奈何的包容。不可否认，有一个顽皮的小妻子，可以让生活增加很多趣味，前提是，淘气的时候千万不要拳打脚踢，招来他的怒火，也不要在他做正事的时候打搅他，否则可就弄巧成拙了。

总之，有趣的小游戏，情人之间的互相嬉戏、捉弄可以增加生活中的趣味，当他意识到跟你在一起是多么有趣的事，你会带给他别人无法给予的快乐的时候，他就会更爱你。生活不总是严肃的，在严肃的生活中寻找更多的独属于你们两个的乐趣，是每一个婚内人的责任。

❋守护爱情，培养浪漫特质

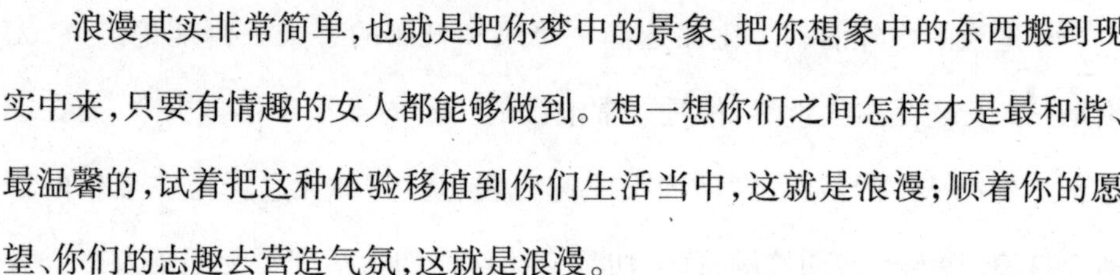

浪漫其实非常简单，也就是把你梦中的景象、把你想象中的东西搬到现实中来，只要有情趣的女人都能够做到。想一想你们之间怎样才是最和谐、最温馨的，试着把这种体验移植到你们生活当中，这就是浪漫；顺着你的愿望、你们的志趣去营造气氛，这就是浪漫。

一位朋友非常喜欢漫画和玩偶，于是她的家中处处都堆满了玩偶。小到零星摆设，大到整体布局，每一个角落都摆放着她珍爱的宝贝。豆袋公仔摆在客厅里，芭比娃娃安放在卧室，稻草人是在书房里的，连卫生间里都摆放了一个树脂小丑。她每天都花费很多时间寻找、购买和安置自己的宝贝们，进入她的家，宛然进入了一个童话王国，赏心悦目而又风情浪漫。这样充满童真和乐趣的爱好，丈夫怎么能不喜欢呢？走进家里就像走进了仙境，令人忘俗，很多好朋友也经常来她的家里，借以排解烦恼。

有一颗浪漫的心就能够让生活中所有的事情都变得浪漫而美好。一个女人是否具有浪漫的特质，与她的性格，她从事的工作、职业，她的受教育程度密切相关。想要培养浪漫的特质，只要从以下几个方面入手就可以了：

★质朴清纯的性格是一个人是否浪漫的根本。追名逐利、虚情假意的人是与浪漫无缘的；锱铢必较的人也会削弱浪漫的天性。这就要求我们将生活和工作分开，一面在工作中寸步不让，让自己变得更加精明，更加强势，一面在生活中维持我们敏感、多情的内心世界，守住自己内心的纯真。回到家不要再谈工作的事，更不要让你的另一半帮你出主意、想办法，好好地享受生活。

★用浪漫的心境创造浪漫的生活方式。在音乐声中吃饭和睡眠；在茶香中看书；在袅袅的檀香中让他为你读一段佛经；在温馨的烛光下享受晚餐和恋人的爱；手牵着手走过夕阳下的小桥。对于女人来说，为自己营造浪漫的生活氛围，并不是很难的事情。

★不时做一些浪漫的事。比如踏着雪去访友人，看梅花；在雨中撑着伞散步和随想；逆着风奔跑、呼喊；趁着月色迷人，去看一看荷塘月色；静静地坐在桌边，等待昙花盛开的一刹那；趁着大好春光和伴侣去荡秋千，体验“美人飘落秋千架”的感觉。浪漫不是刻意地追求所能达到，只有热爱生活的人才能够感受到。

★提高自己的修养，提高对艺术的欣赏力和感受力。不可否认，那些诗人、画家、艺术家对浪漫的体验比世人更敏感，除了他们对生活细腻、敏感的感受力以及自身的天分和悟性以外，与其艺术修养也有很大的关系。王勃著名的诗句“落霞与孤鹜齐飞，秋水共长天一色”原本出自“落花与芝盖齐飞，杨柳共春旗一色”，可以说是，青出于蓝而胜于蓝，除了本身的感悟力之外，前人的贡献也是至关重要的。可以想象，如果王勃没有读过庾信的那首诗，也许这两句就不会脱口而出，传颂千古。对于女人来说也一样，常常欣赏艺术方面的名品，进行品评和感受，更容易使自己敏锐地感悟生活中的美好。

总之，浪漫不是某些特殊人的特权，每一个人，无论是贫穷还是富贵，都可以无拘无束地享受和体悟浪漫，只要你有一颗浪漫多情的心，只要你的心中有着不同寻常的爱，就可以和你的伴侣共谱浪漫的篇章。

第7章 多点关爱：让夫妻如胶似漆

✻时刻关爱，让情意无处不在

在脱掉华丽的爱情外衣以后，婚姻生活就会慢慢变得平淡。这时候，激情已不再是生活的主旋律，爱的表达方式变成了细水长流的温馨关爱。在婚姻生活中加入一点点关心，一点点呵护，生活就会变得更加甜蜜。

一个聪明女人会懂得如何把自己的关心呵护融入日常的柴米油盐中，处处表现出自己对对方的关爱之情。有道是“以色事人者，色衰而爱弛，”如果你对对方太过冷漠，没有足够的关心，就算你的魅力无穷，对方也不可能永远爱你。甜蜜的婚姻绝对不仅仅是两个人相互吸引那么简单，默默的关怀常常可以感动男人，使得他更爱你。

关爱不仅仅要求女人能够做到，还要对方能够体会到，对方体会不到就不会珍惜，就算你再温柔贤惠，再关心呵护他，也得不到他同等的对待，因为他根本就意识不到你的关爱。平心而论，很多女人在结婚以后，都能够做到关爱对方。所以，女人缺少的并不是对男人的关怀之情，而是如何表现出来，如何让他体会到这份关爱。

★在关键时刻体现出你的关爱之情。人在平常的时候，常常对对方的关心视若无睹，而在特殊时期，却能够因为对方的一点点关爱而感动不止。比如，在他生病的时候表达你的关爱，为他做一顿他喜欢的饭菜，为他的病体忙碌，说一些宽慰的话。人在生病的时候，心理常常是脆弱的，这时候，谁能够抓住机会表现出对他的关爱，就会在他的心里留下深刻的印象。再比如，在他失意的时候陪在他身边安慰他，鼓励他。得意的时候，人人都会表现出欣赏、羡慕，唯独在失意中仍陪在他身边的人，他会铭记在心。人生难得的不是锦上添花而是雪中送炭，男人最清楚这一点，因而也会珍惜当他虎落平阳时却仍然维护他的人。

★用语言表达出你的关心。很多时候，默默的关心可能会被对方忽视，这时候语言的表达就起了很重要的作用。比如，在他熬夜的时候，不要只给他倒上一杯咖啡，也要说几句体贴他的话。语言表达能够清楚地让他明白，你在担心他，你在关心他的身体，关心他的工作，这比任何默默的付出都来得明显。

★在无关紧要的时候，尤其是当他把你的付出视作理所当然的时候，把你平日的付出收一收。比如，平时都是你帮他洗衣服，你来收拾家务，可他觉得这是应该的。如果有一天你病了，或者出差了，让他洗几天脏衣服、臭袜子，他就会知道你的好处，也就会明白你付出了什么。只有让他感觉到你的牺牲，他才会更珍惜你的付出。很多时候，人是在体会到不方便的时候，才知道原来别人为了你的方便付出了多少。

总之，当你的关爱得不到对方的回应、得不到应有的尊重和报酬的时候，你就应该想一想是否自己的表达方式出了问题，除了付出关爱，你还需要提醒对方重视你的关怀，珍惜你的关怀。否则，只是单方面的付出，不但自己觉得委屈，对方也会觉得厌倦，也就体会不出温馨的味道来了。关爱是两个人的事，接受者兴高采烈，付出者才能感到安慰，感到甜蜜。

享受关爱，珍惜对方的心意

家庭的幸福往往要用爱来照亮，对于没有任何感情基础的家庭来说，婚姻只能是一个悲剧。爱，不仅仅是婚前的花前月下、风花雪月，更应该融在婚后日常的相互关怀和怜爱之中。婚姻中的两个人彼此关爱，互相体贴，才能够让对方感觉到被珍视，感觉到自己的价值和婚姻的价值，家庭才能更幸福。

对于婚姻中的女人来说，爱似乎是非常遥远的事情。当风花雪月变成了柴米油盐，她们似乎就失去了表达爱、感受爱的能力，这是人生最大的悲哀。婚姻中的女人虽然沉浸在忙碌的工作和家务之中，仍然要认真地付出自己的感情，认真地感受对方的爱。对于爱来说，迟钝和麻木是最悲哀的。

女人要学会表达自己的关爱，也要学会感受对方的关爱，享受对方的关爱，并适当表达自己的感激之情。从婚姻的风雨之中、从一米一饭的平凡当中来体会对方平淡的关爱，是每一个渴望幸福的女人都应该做到的。通常来说，男人比较粗心，他们表达关爱的方式和女人也不一样，这就使得很多女人感受不到男人的关心和呵护，有的女人就算感受到，也因为缺乏情调而忽略了，这是最可悲的。女人要学会享受对方的关爱，要调动自己的所有视觉、感觉来体悟对方的关怀之情。那么，这要从哪几个方面入手呢？

男人表达自己关爱的一个重要方式就是给女人花钱，舍得给你花钱的男人，无论挣钱是多还是少，都是爱你的。当男人给你买回大束的鲜花、昂贵的首饰、漂亮的衣服、各种小礼物时，无论这些东西你是否满意，都不要抱怨他，而是马上给他一个大大的拥抱来感激他。很多女人在这方面都做得不好，她们不是抱怨东西买贵了，就是抱怨衣服的款式不好看不适合她。殊不知，这些抱怨会在瞬间破坏男人的好心情，使他们产生失望、沮丧的情绪，并且打消想要给你惊喜的想法。

★虽然大多数男人都比较粗心，但是有一些男人还是很细腻的。当他们在结婚纪念日、你的生日给你献上礼物，想和你度过一个浪漫的夜晚时，你却用怀疑的眼光盯着他："是不是做了什么亏心事？"或者说"无事献殷勤，非奸即盗。说吧，有什么企图？"这类扫兴的话最好不要说，如果男人有兴致搞浪漫，和他一起兴奋地享受激情吧，要知道，只有爱你，男人才会费心地搞这些花样。

★男人的关爱常常在特殊时期才能体现出来，女人要始终对男人保持乐观和期待。婚姻就是一把伞，在平时的时候没什么用，但是风雨来临的时候，它会帮你遮风挡雨，这就足够了。也许你的丈夫很贪玩，总是沉迷于游戏和各种游乐场所；也许你的男人不够体贴，总是在深夜带着一身酒气回家；也许他总是大男子主义，从来不想着帮你分担家务。但是你生病的时候，你怀孕的时候，你悲伤的时候，他不再只顾自己玩乐，而是一反常态地陪在你身边，这就体现了他对你的关爱，对家庭的负责。

★当对方做了让你非常感动的事，比如在下雨天开车去接你，在你生病的时候，用他勉强的厨艺给你煮汤，这时候，要适当表达出你的感激之情，要表达出自己享受这份关爱的心情。这种心情可以是眼中闪烁的泪花，可以是"老公，我爱你"的私语，也可以是满足的一声叹息。这样的感激和满足，可以让对方感受到你的愉悦，并且觉得自己的付出和关爱没有白费。

没有一种付出是应该的，关爱最怕的是一味地付出，而对方却没有回应。女人常常烦恼自己为男人做了那么多，他却不知珍惜，男人同样也为此而懊恼。让对方感觉到你感激他的关爱，你非常享受他的关怀和疼惜，适当表达你的感谢之情，并投桃报李地回报对方，两个人才会形成良性互动，感情才会进一步升华。

※身体力行，付出行动让爱鲜活起来

在生活中用行动证明你的关爱，这比语言的表达要生动得多，鲜活得多，也更能够感动对方。一个只会用甜言蜜语哄对方高兴，而不肯为对方做一点牺牲、做一点付出的人，可能会一时得到对方的喜欢，但是迟早会被对方所厌倦。

那么，怎样表达你对男人的关爱，才会让对方觉得轻松而又感激呢？这就需要讲究一些技巧。

★恰到好处的惊喜。与其在他上班之前谆谆叮嘱他带一把伞，不如偷偷在他的公文包里放把折叠伞，然后在大雨突至的时候发短信告诉他，别担心，你可以干干净净地回家。与其陪他熬夜，倒不如在他熬夜的时候为他沏上一杯热茶；在他想睡觉的时候，你递来了枕头；想喝水的时候，你早已为他准备好了香茶；当他饥肠辘辘的时候，你刚好为他准备好了夜宵。恰到好处的惊喜点才能得到他的感激。

★为他做一些他早就说过却一直没有付诸实施、甚至自己都忘了的小事。如果想要两个人相处得非常好，就要把他说过的话放在心上，把他想要做但一直忘记做的事做完。比如，早上对方说，“我想吃比萨了，可是比萨店离我上班的地方太远了，还是星期天再去吃吧。”结果下午一下班就发现你正好买了比萨送给他，而且正好是他喜欢的口味，自然让他喜欢。

★花时间陪伴他。女人乐意为心爱的人做很多事，但常常忽略了对方真正的需求。每星期找一些单独在一起的时间，关掉电视，关掉手机，两个人静静地坐在一起陪伴对方,就是最好的表达爱的方式了。

★当他沉浸在某些烦恼中的时候,认真听他的倾诉,也许他并不需要安慰和支招,只是想把心中的郁闷倾吐出来,总之,倾听对方的心里话,也是爱的一种表现。

★关心他的需要。送一份他需要的礼物,要比送他昂贵的礼物更令他心动和感激。

★当你决定为了他的事业而作出牺牲的时候,请同时提醒自己,“我是自愿的,我保证日后不会因此而埋怨他”。很多女人都为了家庭,为了支持对方而牺牲了自己的前程,如果你不能无怨无尤,请你谨慎地思考要怎样处理。付出牺牲之后再抱怨对方,会让对方仅有的一点感激和愧疚都不复存在。

总之,用行动证明自己的爱也是有技巧的,也必须遵循一定的原则。婚姻中的爱当然是有代价的,首先要无私地付出才能够得到。用行动真正地关爱对方,才能够得到对方的真心,婚姻才能够更幸福。

✻相互欣赏,在对方的心中永远闪亮美丽

婚姻的开始就是因为彼此欣赏,爱慕,吸引,而后产生爱情。结婚之后的两个人,仍然要维持彼此欣赏的状态,才能够让婚姻生活始终如一的甜蜜,爱情才能够长久地保持新鲜。

欣赏是表达关爱最好的方式之一,保姆也能够在生活上无微不至地关心和照顾一个人,但是只有和自己心灵契合的伴侣,才会无条件地欣赏自

己，崇拜自己。学会欣赏伴侣的处事方法，学会用迷恋、赞赏、崇拜的眼光去看待他，可以使男人的自信心膨胀，使女人更有魅力。有这样一个笑话：一个丈夫几十年如一日地重复几个固定的笑话来展示自己的幽默，而妻子却几十年如一日地听着这翻来覆去的几个笑话，每次听完都像第一次听完那样开心地大笑，并用欣赏崇拜的眼光望着自己的丈夫。你可能觉得那个妻子可笑至极，但仔细品味你就会明白，夫妻间的相处方式正是如此，能够长期欣赏，才能够长期甜蜜。

恋爱中的男女常常情意绵绵、形影相随，在这个特殊的阶段，男女双方心中装着的，都是对方的美丽、潇洒、温柔等美好的一面。男女双方对于彼此来说，都是最完美的精品，都是无可代替的。对方的傻笑甚至都是最有魅力的，对方做的每一件傻事都是很有味道的，热恋中的他令我们着迷，令我们甜蜜。走到婚姻的围城里之后，我们忽然发现他并不是我们想象得那样完美无缺，潇洒的男人背后是洗不完的脏衣服、臭袜子；温柔的女人背后是无尽无休的唠唠叨叨。这个时候欣赏没有了，甜蜜没有了，爱慕也就没有了，甜蜜的恋人变成了一对怨偶。

任何人都无法避开时间的魔法，都无法承受近距离的审视和挑剔，再美的美人在透视灯下都没有美感可言。进入婚姻当中，我们怎样才能保持对对方的吸引？怎样才能在看到他最丑陋的一面的时候，仍然能够欣赏他，爱慕他？

★学会睁一只眼闭一只眼，宁愿做快乐的傻子也不要做悲哀的智者。睁着的那只眼永远去寻找对方最美的时刻，寻找你最欣赏的他的特质；闭着的那只眼永远不要睁开，因为这只眼一旦睁开，看到的将是对方的种种不堪。

★不断去发现对方值得你欣赏的新优点。天天生活在一起的两个人，再多的优点也能够视而不见，再小的缺点也能够放得很大，所以我们要不断去发现更多他的优点。夫妻双方在结婚以后，是不断改变、不断调整的，而且你身上有多少优点、缺点，也会统统映射在对方的身上。所以，你要多多地改善自己，也就等于在改善对方；欣赏自己，也等于在欣赏对方。从他的身上，不断挖掘那些值得称道的优点，双方可以共同改进，也会把对对方的抱怨不满降低到最低限度。

★用好的心态来对待彼此的优缺点，用理智来衡量一个人，更容易欣赏对方。结婚之前，我们常常认为对方是完美无缺的，是最适合自己的那一个；结婚之后，我们才知道彼此还需要磨合，当初我们是被热情冲昏了头脑。恋爱之时，我们都是对方的天使，是神祇一样的人物；结婚后，我们变成了对方的伴侣，是一个普通的人，待遇自然不能再和神祇相比，接受婚后的待遇落差、心理落差，是我们能够维持心理平衡、继续欣赏和爱慕对方的关键。婚姻之所以会成为爱情的坟墓，是因为我们都从天使变成了凡人，只有凡人才有坟墓，而智慧的人会把这座坟墓当成最美丽的殿堂。

爱情生活是甜蜜温馨的，然而想要这种甜蜜维持得更长久，则需要更多的智慧来保鲜和呵护。渴望拥有幸福的婚姻，就必须学会在婚姻中欣赏彼此，因为夫妻之间的欣赏是维系爱情最牢固的纽带。

※分享生活，让每一份记忆中都有彼此的身影

生活就是分享，分享彼此的劳动成果，分享彼此的爱，分享彼此间的心

意，分享你们共同的成长经历。乐于和对方分享你的每一份喜悦，分享你的成功，分享你工作中的快乐和烦恼，分享你们之间的情感，分享你们之间的青春岁月，彼此的心更加契合，双方多了很多共同语言，生活中也就多了很多甜蜜。

很多事业有成的夫妻都善于和对方共同分享事业上的资源，善于分工合作，最终享受共同的劳动成果。当你意识到，你的整个家、整个事业、所有快乐和烦恼、成就和挫折都是和对方共同拥有的时候，你会发现，你离不开他了。因为你的整个青春岁月都是和他一起度过的，你的所有生活的痕迹都有他的一份，他和你之间已经是一个不可能分割的共同体了。当割舍他的时候，你会疼痛；当割舍你的时候，他也会流血。这时候，你们的血液和灵魂都是融合在一起的，根本不可能分割开，心灵的相契让别人根本没有插足的可能。这就是我们每个人都希望达到的婚姻的最高境界。

让对方的一切都烙上你的印记，让他所有的回忆中都有你的味道，你的一颦一笑，有他熟悉的你的气息，这一切，就从分享开始。要使两个人有更多的交集和纠缠，就应该让彼此共同拥有的东西更多一点。每一个人都是一个同等大小的圆，我们不可能完全消除彼此间的差异，但是却可以让相交的部分增多，在保持各自的隐私空间和个性差别的基础之上，分享的东西越多，则意味着相交的部分越大，你们互相之间越难舍弃。

在很多家庭中，女人都选择了放弃自己的事业来成全男人的事业心，因此你们剩下的交集就只在家庭的范围内了。缺少了共同的理想和志趣，你们之间的关系能够有多牢固？在你们能够有交集的范围内，怎样和对方分享你们共有的一切？你们需要共同分享哪些东西，才会使你们的交融更密切，感情更甜蜜？

★和对方分享生活中的苦和乐。在生活中，每个人都有胜利的欢乐，也有挫折的烦恼和郁闷。当你快乐的时候，把你的快乐和对方一起分享；当你忧伤的时候，把你的苦闷向他倾诉出来。夫妻是需要患难与共、风雨同舟的，能一起享乐却不能一起患难的夫妻和能一起患难却不能一起享乐的夫妻都是悲哀的。生活中的苦和乐，需要夫妻两人共同分担，共同分享。

★把你的成长和他一起分享。当你的工作有了成绩，当你的思想更成熟了，当在他的支持下，你有了长足的进步，这些成就都要学会跟他一起分享。当你从一个妻子变成了一个母亲，当他从单纯丈夫的角色变成了父亲，你们面对了共同的挑战，共同的角色转换，这时候你需要和他一起分享这种生命中的成熟、蜕变。

★共同分享你们的爱情。对爱人说出你的真心话，让他感受和分享你深沉的爱意。显示出你的尊重和真诚，更多地和他分享你的内心所想，分享你们心灵深处的东西，可以使你们的心灵更契合，灵魂更靠近。

对于婚姻中的两个人来说，分享是最美好的事情。在恋爱的初期，你们也许共同分享过一起吃饭、一起锻炼、一起休息娱乐的乐趣，也许分享过共同的称呼，当初的“我”变成了“我们”，你也许有很多的快乐要表达。在今后的日子里也是如此，你们也许会共同拥有将近两万个日日夜夜，共同分享无数的欢笑和眼泪，如果你珍惜这一切，就好好地和对方分享眼前的每一个美好时刻吧。

※善于引导，好男人是调教出来的

好男人都是好女人一手调教出来的。你以为哪个男人生来就风度翩涮？你以为别人家的丈夫生来就习惯于洗洗涮涮，喜欢和老婆一起做家务？你以为，别人家老公对老婆体贴入微，细心呵护，那都是与生俱来的？非也非也，那都是女人培养的结果，一个是他的母亲，一个是他的老婆。

想要你的老公也对你体贴入微、关怀备至吗？那你应该看一看别人家的“良夫养成记”，吸取一点经验，让你的老公也变成新好男人。男人普遍是比较粗心的，对于很多家务事，男人常常不会主动去做，如果你的婆婆没有给你调教好一个现成的好老公，那么现在需要你亲自下手调教一个新好男人了。那么怎样让你的老公爱上做家务呢？怎样把你的粗心男人调教成一个细心、体贴的好丈夫呢？下面就给亲爱的女性朋友们支一些招吧。

★首先要让他从思想上得到改变。要知道，一个沙文丈夫是无论如何也不会想到应该主动体贴自己的妻子的，所以，从结婚之前就应该让他明白，老婆娶回家是用来心疼的，不是用来当保姆伺候自己的。平时多带老公去一些模范丈夫家“洗脑”，让他明白现在流行的是居家型好男人。告诉他一个成功的男人首先是心疼老婆的好丈夫，是一个有责任心的男人。

★当男人帮你处理家务的时候，要大力表扬他，不要批评他这做得不好，那做得不到位，地板拖得不够干净，饭做得不够好吃，该用生抽的菜用了老抽，该用白醋的地方用了色醋。这些都是小问题，问题是他能够帮你做家务，你就应该很高兴了。赞赏能够让他更勤快地帮你做事，而抱怨只会打击他做家务的热情。有的男人不是不想做家务，而是他一做事女人就批评他，如此往复，男人肯定不想做了，懒散的男人则刚好找到了不做家务的借口。

★表达你对他的关怀的需要。女人要善于表达你的需要，你希望得到男人的爱，希望得到他的关注，这并不是一件可耻的事。撒娇地说“你难道不会关心人家一下?”“难道你就不能体贴点?”“谢谢老公,帮我把碗刷刷吧。”这些言行不仅增添两人间的情趣,而且会让你更可爱。如果你不需要男人的关爱,他为什么要帮你做事?为什么要心疼你,体贴你?

★找到充足的理由,用恰当的表达方式让他帮你做事。比如,一边帮老公按摩肩膀,一边说:“累了吧,一星期五天对着电脑,周末也应该休息一下。起来活动一下,伸伸腿脚,刚好顺便把桌子上的灰也擦一擦吧,我去做好吃的奖励你。”听到这样的话,老公肯定高高兴兴去做家务了。而如果你生气地说:“整天就知道瞎忙,也不知道帮我做点事,快去擦桌子!”八成老公要跟你翻脸的,可见表达方式的不同也会影响结果。为他做家务找一个充足的理由,和颜悦色地表达出来,男人们普遍是乐意接受的。

★及时引导老公做好家务。事情做得不好,任谁都会灰心,女人在培养男人做家务的过程中,千万不要动手示范,更不要指手画脚,只要告诉他:“做得不错,如果要是在这道菜里加一点点芥末就会更加美味了。”这样他才会恍然大悟,怪不得总觉得缺了点什么,原来你做的时候还放了芥末,下次还要试一试,这样兴趣就培养出来了。经验总是要花时间积累的,只要引导有方,老公就能成为一个体贴老婆的全能“主夫”。

总之,男人是否会体贴女人,是否会关爱女人,不完全是男人的问题。从现在开始,试着用聪明的方式去调教你的男人,并慢慢地引导他,迟早他也会成为别人眼中的好丈夫。

第8章

懂点情调：让爱情历久弥鲜

＊打破沉闷——意外之喜让爱新奇起来

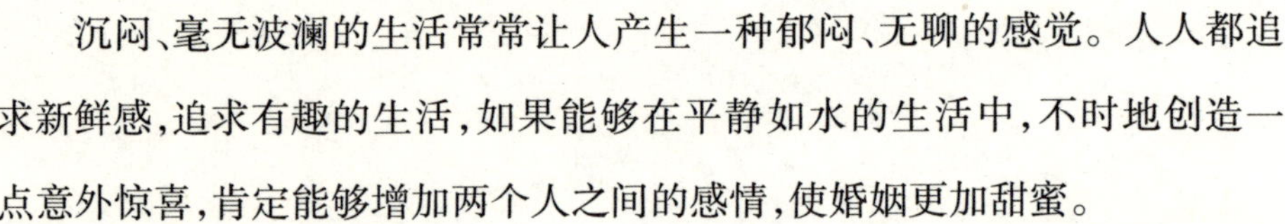

沉闷、毫无波澜的生活常常让人产生一种郁闷、无聊的感觉。人人都追求新鲜感，追求有趣的生活，如果能够在平静如水的生活中，不时地创造一点意外惊喜，肯定能够增加两个人之间的感情，使婚姻更加甜蜜。

每个人都有周期性的情绪反复，常常是平静了一段时间之后，希望过一种新鲜刺激的生活；而在大起大落、疯狂的爱恨或激情之后，则希望过一种平淡的生活，这是每个人生命中的必然。虽然平凡的我们不能够打破这种周期性的重复，但是我们可以时不时地创造一些惊喜来打破生活的烦闷和平静，让生活变得更多姿多彩一些，让婚姻多一点趣味和情调。夫妻之间本来已经共同生活了很长时间，对彼此都熟透了，难免产生倦怠感，意外惊喜正是这样的一个契机，让对方重新认识你。常常给伴侣一点意外惊喜，可以激起他已经忽略或遗忘的爱意，让他回想起恋爱时的甜蜜，增进你们之间的感情。

那么我们可以制造哪些惊喜来增进夫妻之间的感情呢？

★出乎意料地拿出他期待了很久的礼物。比如，看到他在某件物品前驻足了很长时间，甚至东翻西看了半天，但是还没来得及买或者没打定主意，你就可以把它默默记下，然后选一个合适的时间，把那件物品买下来，当成礼物送给他，肯定能够带给你意想不到的效果。这一招男女皆宜且实施方便，是很好的制造惊喜的方法。

★暗暗观察他的喜好，然后给他一个惊喜。比如，他非常喜欢某一首歌，你可以悄悄学会，然后在一个轻松的环境下，装作不经意地唱出来，肯定能够带给他欢喜。再比如他喜欢某种口味的咖啡，你可以多多注意，然后在某天临睡前亲手泡一杯给他喝，肯定能得到意外的惊喜和奖励。这种小的惊喜不妨多来几次，变成生活的一部分。

★出差时，事情做完以后提早回家，给他一个惊喜。兵行险招，因为这个情况不好预料，说不定一不小心惊喜变成惊悲，因此需要谨慎处理。最好的处理方法是，在回家的路上给他打电话，追忆你们以往的甜蜜时光，以确定他是否在等你的电话，是否在想你。待两人产生情感上的共鸣，便适时地让他打开门，你正站在门外静静地看着他，这才是完美的惊喜。

★对方忙得忘了你们共同的节日，你可以一边打电话催他回家，一边做一大桌子好吃的等他回来享用。当他回到家看到你准备的烛光晚餐、音乐美酒，肯定就明白了一大半。这时候，愧疚、歉意可能更深了，而你的惊喜更给他很大的安慰，他会因此更加珍惜你。

★用邮递的方式寄卡片或者其他礼物给他。两个人在一起生活久了，给对方小礼物已经是很平常的事了，如果你能够通过快递或者邮寄的方式给他一件小礼物，想必他会更加惊喜，更加珍视。

★当你们之间的关系即将要发生某种变化，比如，他要做爸爸了，你可以把你的化验单放在他的书房里，或者作为礼物送给他，肯定会带给他欣喜若狂的感觉。或者邀请他的父母来看他，你却不打电话给他，直到他晚上下班，用双手蒙住他的眼睛，当他一睁眼看到他至亲的人在他面前，怎会不惊喜？

总之，只要有心就能够制造很多意外的惊喜。问题是很多夫妻觉得两个人整天在一起，没有必要玩这些花样，其实这种想法是错误的。想一想你有时候是不是也期待收到一些意外的惊喜呢？是不是也希望对方带给你意料之外的喜悦，比如把本来他不可能做的某件事完成了？如果你需要，那么对方也是需要的。

还有的夫妻认为，我没有义务取悦他，我和他是平等的，这些取悦之举拉不下脸面去做。其实，这种想法更是错得离谱。夫妻之间固然是平等的，但是意外的惊喜取悦的并不是他，而是你自己，难道你不想看看自己制造的效果？有些夫妻之间的相处模式的确比较正统，男女都比较强势，很容易造成外面看着光鲜，却缺少沟通和激情的婚姻。试着放低姿态，给对方制造一些小惊喜，这样不仅可以打破你们之间的沉闷，也可以让对方更爱你。

情书传情，写出缠绵的爱意

这个时代流行速食爱情，连婚前的恋人们都很少互写情书表达爱慕了，进入婚姻的夫妻更是缺少这项活动。然而，如果想要你的婚姻生活变得更加甜蜜，互写情书是一种很好的方式。用情书表达你的柔情蜜意，表达你对他的爱和牵挂，是千古不变的传情方式。

趁年轻的时候，多写一些感性的情书，把年轻时的甜蜜记载下来，储存起来，才能够在年龄渐渐变大、激情慢慢变淡的时候拿出来品尝和鉴赏。情书本身也许没什么特别的，没有华丽的词藻，没有优美的语言，但是我们有一颗纯纯的爱心，用你的爱写就的情书，是世界上最美丽的语言。

曾经我们有过山盟海誓，曾经我们有过那么多的甜蜜，为什么不把这些美好的瞬间用情书的形式记录下来呢？为什么不让自己的爱意多一个表达的平台和通道呢？也许生活中我们会有很烦恼的时候，也许我们会对彼此的感情产生怀疑和猜忌，也许我们还有相看两厌的那一天，不如趁着感情甜蜜的时候多一些表达吧。无论对于羞涩含蓄还是大胆开放的女人，情书都是一种良好的表达情感的方式。

情书可以简短，也可以绵长，可以矜持含蓄，当然也可以俏皮可爱，情书的风格也就是主人的风格。情书可以每个月或者每年写一封，也可以每天都用纸条以简短留言的方式写出来，或以短信的方式表达出来。但是，情书就像蜜糖的作用一样，隔三差五吃一次觉得新鲜甜蜜，吃多了也要担心高血糖。

情书的形式大可不必搞得跟书信一样规范，情书的写作也要遵循一定的技巧，如果一写写个七八页长，而且毫无内容，全是让人起鸡皮疙瘩的肉麻话，这样的情书，不写也罢。日常生活中，我们要掌握以下几种写情书的方式，以备不时所需：

★传达爱意的小纸条，可以在厨房中，他的剃须刀底下，香皂盒子里，他的某本书刚看到的那一页，他的烟盒里，他的领带下面，总之凡是可以藏而又不至于被忽略的地方，都可以藏上表达爱意的小纸条。比如在厨房帮他做好的饭旁边，放一张“多加餐，长得壮，肥了卖小猪”的小纸条，在他的衬衣上则放上“记得添衣，不要想我想得太憔悴”的小纸条，这样不仅可以把你的柔情蜜意传达得一清二楚，又显示了你的俏皮可爱。这样的女人，男人怎么会不爱呢？

★邮寄给他的明信片或者情书，有一种意外惊喜的感觉，甚至会让人产生一种两个人正在谈恋爱的错觉，是个不错的传情达意的方法。在你出差在外或两人暂时分离的时候选用这种方式是比较合适的。

★当他惹你生气了或两人正在吵架，谁也不肯先低头跟对方道歉，僵持着冷战固然不是好办法，然而让女孩子道歉也未免有损自尊心。这时不妨写一封情书，讲明你的委屈之处，记住不要讲任何气话，不要有激烈的言词，只讲一讲你的委屈和伤心，这就足够了。爱你的男人绝不忍心再为难你，或者继续对你不理不睬，此举既保全了颜面，又可以缓和两个人之间的关系，打开僵局。不要以为男人让着女人是应该的，偶尔低一低头，主动向男人示弱，只要能保住尊严和感情，有什么事情比这更重要呢？

★他不在你身边的日子里，把写满你的思念和牵挂的情书送到他身边，让你的思念把远方的他带到你身边，这样的情书格外动人，他看到也会格外动情，感觉到自己的爱人是如此地依恋自己，哪个男人会不心动呢？

★在特殊的日子里，把情书当作礼物送给他，对于不擅长或者不屑于用语言表达自己感情的人来说，是一种不错的传情达意的方式。在你深情款款的目光的注视下，他疑惑地打开你的情书，他越读越喜悦，你越听越羞涩，这是一份多么美好的情感啊！

情书是一种非常有诗意、有情调的表达方式，不仅可以增加夫妻间的了解和柔情蜜意，还可以为你的青春和爱情留下一份见证，何乐而不为呢？

※婚姻中的女人会“变”才会赢

现代社会对女人的要求越来越高，在不同的环境、不同的场合、不同的位置，女人要呈现出不同的风貌。婚姻中的女人学会“变”，才能在婚姻中立于不败之地。

大多数男人是自私的，他们希望自己的妻子能够出得厅堂、入得厨房，在自己的朋友圈子里做一个贤淑大方的主妇，在自己的面前做一个体贴的好妻子，在孩子面前做一个亲切的好妈妈，在父母面前做一个孝顺的好儿媳。女人在不同的人面前被赋予了不同的角色，所以也要根据位置的不同扮演好自己的角色。这才是“善变”的第一层含义。

在职场中，我们能够根据场合的不同搭配不同的服饰，表现不同的状态：办公室穿套装，表现精明能干；商务酒宴上穿小礼服，表现成熟亲切；年终酒会上穿晚礼服，表现魅力无限。那么，在家中，我们难道只用一副面貌来示人吗？事实上，每个女人都有不同角度的美，我们只不过是在通过角色转换来展现自己不同的侧面而已。那是一种真情的流露，跟矫揉造作，演戏是不同的概念。在面对孩子的时候，你是不是不自觉地流露出母性的关爱？在面对丈夫的时候，你是不是不自觉地想要依靠，不自觉地流露出自己的小女人情态？流露出你真实的感情，展现出你真实的那一面，就是女人的风情和魅力。

“善变”的第二层含义，就是女人要不断地追求生活的新方式，让生活永远充满新意，充满情趣和快乐。

流行时尚是在不停地变化的，可能在每一年都会产生新的娱乐方式和生活方式。“善变”的女人会兴致勃勃地尝试不同的改变，会把这些元素都慢慢地渗入自己的生活中，使生活更加丰富多彩。拿健身来说，“善变”的女人会去健身房锻炼身体，也会在自己的家中和着音乐做瑜伽，同时还会去参加一些户外活动。根据自己的爱好、业余时间的长短以及流行趋势的变化,“善变”的女人会不断地调整自己的健身计划和健身方式。

在生活的其他方面,她也会根据季节的不同、天气的变化来调整自己的食谱,调整自己的服装风格,调整每天的业余活动。夏天的夜晚,和姐妹们兴致高昂地去泡吧、去跳舞;雨天的晚上,放一首忧伤的或者舒缓的小夜曲静静地欣赏;在两个人都有闲的夜晚,相伴去看夜景,或者留在家中跳双人舞,温习初恋时的感觉,全根据自己的心情、伴侣的心境而定。

“善变”的第三层含义,是要不断地完善自己,充实自己的生活,提升自己的魅力,使自己变得更加成熟。女人总是在不断地学习当中:学习怎样展示自己的风情和魅力;学习怎样留住丈夫的心;学习怎样使家庭更融洽;学习怎样使自己的婚姻更牢固,爱情永远保鲜;学习怎样教育自己的子女,做一个合格的母亲;学习怎样欣赏艺术,使自己变得更加优雅。这一切都是女人在为自己的人生做努力,通过这样的学习,女人会不断地蜕变,蜕变得更加美丽,更加成熟。人生总是在变化中达到圆满的,“善变”的女人,人生会更加饱满,生活会更加丰富,婚姻也得以保持新鲜。

女人“善变”是因为心有所系,是因为心中有爱。古诗中说,“女为悦己者容”,同样地,为了爱情和更好地生活,女人也在不断地改变和完善自己。正是因为女人的“善变”,她们才会风情万种,她们的生活才充满了新意,充满了生机;正是因为女人“善变”,她们才会不断成熟,才会更加才思敏捷、应变灵活,让你不断地发现惊喜;正因为女人“善变”,她们才能让家庭生活充满情趣,更有情调,让婚姻历久弥鲜。

✱点燃爱的火花，巧“调情”让爱升温

婚姻当中，有很多女人过惯了中规中矩的生活，一切都按部就班，虽然日子过得很安稳也很富足，但是总觉得缺少了一点什么。就像所谓的“淑女”，美则美矣，贤则贤矣，却缺少了一分生动的韵致，缺少了一点小女人的味道。生活如果只是理性的功利的，那么难免少了一点情致。

工作也许必须按部就班地进行，以免出纰漏，生活却可以放慢脚步，用一种更有情调的节奏来进行。婚姻生活如果乏善可陈，就难免让人觉得烦闷，感情当中，我们不妨玩一点点欲擒故纵的游戏，学一学调情的技巧。

调情是一种健康的、诗意的、有情趣的生活方式，喜欢调情的男人和女人志趣更高雅，更懂得享受，对于生活总是有着更多的热情，也总能够在平静的生活中创造出更多的快乐，给自己和对方带来更多乐趣。如果你认同这一点，就让我们来学一学调情的技巧：

★调情绝不是为了引向某件事，或达到某个目的，当然，如果在调情的过程中，你们水到渠成地达成了某件事也是无可厚非的。调情的目的是增加感情，培养情趣，调情重在自然，而不是矫揉造作。不要把某些过于煽情的动作和语言认为是调情，那叫做调戏或者挑逗，与调情是有很大区别的。

★最有效的调情方式是深情凝视与专心倾听。想一想，你含情脉脉地凝视着对方的眼睛，让他感觉到在你的眼中只有他一个人，让他看到你对他的深情，对方难道不会怦然心动吗？当从他的口中说出最动人的甜言蜜语，

你深深地凝视着对方，眼中泛着泪花，专心地聆听着，并把那些山盟海誓重复一遍，那是多么令人感动。在夫妻两人的世界中，聆听与凝视是不可缺少的功课。

★用语言和眼神表达出你的爱慕，你的赞美。当两个人独处时，大胆地说出你对他的倾慕和赞美，表达出你的浓情蜜意，相信他会了解你此刻的感受，彼此都会动容。

★打情骂俏。夫妻间的打情骂俏是会无师自通的，暧昧的眼神，挑逗的动作，骂一句"傻瓜"，笑一声"冤家"，对方便能心领神会。

★耳鬓厮磨、肌肤相亲式的调情。比如，双方拥抱着诉说生活中的美好、对未来的憧憬、童年的趣事、开怀的嬉戏，诉说彼此的秘密，或者不经意地和对方发生肢体轻触，都是调情的好方式。

★保守的人还可以采取展现柔弱、央求伴侣帮助的方式，比如央求他帮你挂上背后的褡裢，帮你抓一抓背后痒的地方，或者在一些家务琐事上要求他的帮助，也能够增加彼此的生活情趣。

当然，你还可以学习其他的一些调情技巧。据说，调情不仅仅能够让两个人的生活更甜蜜，更有情趣，还可以开发自我。因为"卖弄风情"和表演有异曲同工之妙，能使人们暂时忘记拘谨的"本我"，久而久之就能改变一个人的个性，克服胆怯、拘谨的弱点。

婚姻中的女人们，抛弃保守的外衣，学会大胆地调情吧，想必会使你们的婚姻生活更甜蜜。但是也要注意，一定要细心观察你的伴侣的反应，争取他的同意和共鸣。

✳追求时尚让女人魅力无限

时尚的女人更懂得如何生活，懂得如何让自己的婚姻、生活、爱情更加甜美。她们永远不会停留在原处，总是不断地在追逐流行的脚步，并从流行中寻找出真正适合自己的东西，来装点自己的生活。

无论是粗俗的时髦还是优雅的时尚，它们都代表了女人不断追求的脚步。愿意不断追求的女人，对生活怀着莫大的热情和兴趣，正如东施效颦，虽然不为人所称道，不是也表明了自己的爱美之心吗？所以说，热爱时尚的女人，是最有热情的女人，这样的女人比那些千百年都不会变化、如一潭古井的女人可爱了许多。

时尚的女人总是在追逐流行的脚步，她们对生活的理解也是丰富多彩、千姿百态的。她们去年染了一头栗色长发，今年忽然变成了俏皮活泼的黑色短发。她们昨天喜欢居家不出，今天忽然想起了旅游的好处，于是带着全家人一起去跋山涉水，玩得不亦乐乎。表面上看这些行为似乎有些肤浅，事实上这些活动不也为自己的家庭带来了乐趣吗？况且，很多男人都希望自己的妻子变一变，能够跟上时代的脚步。

时尚女人的一举一动都透露着别样的风情，也许她们不会像贤妻良母那样愿意牺牲个人，支持丈夫和孩子，她们只会更加疼宠自己。因为心疼自己，所以就少了很多怨尤，对丈夫和孩子少了很多抱怨。贤惠的女人，她们给自己的爱是有额度的，一旦超支，必定要俭省下来，否则良心不安。但是对伴侣的爱却是无额度、无指标的，然而没有女人不期待丈夫的关爱，她们更渴望来自伴侣的爱，来自对方的无额度的奢侈的疼爱，可是世界上能够做到这一点的男人又有多少呢？所以贤妻良母的背后，总是带着那么一点期期艾艾的眼光。时尚的女人则懂得，自己要靠自己来宠才更实际，所以，她们自己能够制造更多的乐趣，哀怨总是离她们很远，快乐总是离她们很近，男人也更乐意靠近这样的女人。

再者，时尚的女人更懂得享受生活。她们追求生活品质，注重个人享乐，有品位地进行消费和生活，总是让自己的生活沐浴在美妙当中，因此更有情调和趣味。她们总是能够在平凡的事情当中找到独特的乐趣。比如，没有人喜欢做家务，可是她们会在打扫房间的时候放上自己喜欢的CD；休息的时间动手泡出自己喜欢的咖啡或者青草茶；家务完毕后，在窗明几净的客厅里一边摇着藤椅一边看书。一件令人厌烦的家务，突然变成了一系列有情调有趣味的艺术享受。这就是时尚女人的独特魅力，日子总是要过的，轻松享受是过一天，唠唠叨叨、不断抱怨也要过一天，何不快乐一点？

时尚的女人懂得把生活中的每一件事都变得艺术化，都变成美妙的享受，懂得如何把自己的感觉变得更加敏锐，懂得用“调味品”来调节自己的生活，让生活看起来更美好，更享受。时尚的女人总是在不断地追求，但是她们追求的东西，却不过是“感觉”两个字。感觉自己是时尚的先锋，感觉自己是生活的诗人，感觉自己是手拿仙棒挥舞的小仙女，于是婚姻和生活都变得活色生香、明朗灿烂起来了。

和这样的女人一起共度生命中余下的每一天，哪个男人还会觉得不够新鲜？哪个男人还会觉得枯燥无聊？当你全力以赴地奋斗时，她会自己寻找生活的乐趣；当你有闲暇的时候，她会用美好的东西填满你的生活。

※你会用“情调”,他会有情致

生活的脚步总是匆匆忙忙,在有的女人那里,生活变得粗糙、暗淡、忙碌而杂乱,而在有的女人那里,生活却是美好的,有情趣的,细致的,有条不紊的。这就是情调赋予生活的不同。在字典中,情调的意思是情趣、格调,在生活中,女人赋予情调更多的意义和更丰富的形式。

从屋子的装修风格到个人服饰、饮食、生活习惯,每一个细节都可以表现出女人的情调。有情调的女人会让自己在每一个举手投足间都表现出令人心动的色彩,让生活中的每一个瞬间都变得精彩而让人回味无穷。

我有一个女友,她会在春天的时候和丈夫相约去放风筝;初夏来临一起去爬树摘桑葚;夏天的晚上两个人会乘着凉风,拿着手电去捉知了;九九重阳必能喝到她自己酿的菊花酒;大雪来临时,肯定能看到她和老公乘着雪去赏梅花,总之她对所有风雅的事都兴致勃勃得很,凡事喜欢自己动手。她的最有道理的一句名言就是,“女人不要太懒,很多乐趣是花钱所买不来的。”她从自己动手中寻找乐趣,她的每一样东西都是独特的,都有着她独特的烙印。她自己动手烤制小饼干,自己动手榨果汁和豆浆,自己做小金丝卷,自己腌制小黄瓜,每一样都让我们追捧。她的老公也总是带着她的爱心早餐去单位炫耀,我们都以为她的时间是双份的,但她同样也是一个上班族,还要照顾孩子和老人。只能说,她生来就善于生活,善于享受生活。有一次女友点明了她的秘诀:“你们只要对生活中的每件事都有兴趣,有很好的兴致,就能做得跟我一样,生活得细致一点就能够更精彩。”

可以说，情调这种东西，真的就是细致一点，有兴致一点。淘汰掉家里千篇一律的垫子，自己动手缝制几个彩色的大抱枕；把手上俗气的金链子抛掉，自己 DIY 一个软陶的；早餐不要再吃那些速食面，也不要随便在街上买，早点起床用豆浆机打一杯豆浆，吃几片自制的全麦面包，就是一顿很好的早餐；不再办一些没多大用处的健身卡，早上做几套瑜伽，针对自身的健康设计几套保健操。这些就是情调，不要以为情调总是跟金钱联系在一起，情调是跟生活的兴致和热情联系在一起的，只要在生活中处处留意，处处有参与的热情，就能够过上有情调的生活。

时尚也许可以追赶，情调这种东西却是模拟不来的。最有情调、最会生活的女人绝不仅仅流于表象。她们是风韵天成的，也许不是那么漂亮，但是她们总是充满活力，无论在困顿当中还是在得意之时，你都会感到她们身上那种不徐不疾的优雅，那种享受生活的步调，那种像孩子一样的好奇心和鲜活的魅力。

和有情调的女人一起生活，你会觉得世界上的一切都非常有趣。你会感觉自己非常年轻，有着用不完的力量；你会感到生活中的每一刻都是有意义的，都是快乐的；你会觉得生活像音乐一样美妙，像蜂蜜一样香甜。她不但会让自己活得鲜活生动，还会把你带入一个生机勃勃的世界，在这里，无聊没有了，烦闷没有了，浮躁也没有了，你只会感觉到温馨、舒适。

女人们，学会把情调带进现实的生活中吧，学会用情调来驾驭生活的脚步吧。只要你对生活始终保持兴致勃勃的状态，保持不变的热情，对每一件事都用自己最大的兴致来参与，这就是情调。

婚姻生活同样可以经营得有滋有味，只要你有足够的智慧，有足够的热情和活力，就能够让生活更有情调、更快乐、更丰富、更多姿多彩。

第9章 提升激情：让爱情动力十足

※建立生活目标，共同努力增加幸福活力

在婚姻生活中，人们常常感觉到缺乏激情，也许是因为一起生活久了，也许是因为大家的感情转淡了。但我觉得最根本的原因是，我们的婚姻没有目标。在工作中我们常常有这样一种体验，如果我们对工作任其自然，或者敷衍塞责，就会觉得工作起来没有激情，因为没有目标，没有一定要达到的目的，所以工作起来也缺乏动力。

这和玩游戏是一个道理。如果一个游戏可以永远地玩下去，你玩久了也就厌烦了，而如果把这个游戏加一个砝码，比如说，你可以通过这个游戏赢得很多东西，那么人们肯定会更加精心地对待这个游戏，并乐此不疲。人总是在为某些东西而忙碌，不过这个东西有时是隐形的。比如，我要在三年之内做到那个位置；比如，我要在十年之内得到成功。而在婚姻当中，我们很多人都没有明确的目标，比如，我们想要这个家庭在某段时间之内，达到一个什么样的状态？我们大多数人都是模糊的。

婚姻生活之所以没有激情，与我们没有明确的目标有很大的关系。如果我们能够给婚姻生活硬性地规定一个目标，双方都会为建设这个家庭付出更多的努力，就会多了很多参与的热情，两个人之间也就多了很多激情。

比如，我的一位朋友，她在婚姻之初，就和同是旅途游爱好者的丈夫一起表达了一个愿望，就是希望在业余时间内走遍世界。于是，她和丈夫总是在努力地赚钱，把所有的积蓄都用于共同的爱好——旅游。结婚几年间，他们到了世界上最负盛名的一些旅游景点和城市。虽然这离他们环游世界的

梦想还很远，但他们两个都表示，总有一天，他们会达成愿望。

如果这个愿望你觉得离现实太远，那么总有一个愿望是贴近生活的。比如，你希望他能够考取国际通用的某些资格证书，或者你希望你们的家庭在几年内能够拥有一套住房，或者你希望自己的孩子能够在哪些方面有所发展。只要夫妻双方有了一个共同的目标，达成了一致意见，那么，双方就会为你们共同的愿望做出努力。有了一个共同愿望，有了一个共同生活和努力的理由，你们工作、生活中就会多了很多激情，彼此也更能够体谅对方。比如，在分配家务时如果想到他要抽出时间考证书，我应该多做一些家务，很多事情也就变得协调了。

有了这个共同的目标，你们就会对共同建设家庭有了更多的热情。这个目标实现以后，你们会有共同的喜悦，这样你们就多了很多共同语言。在爱人考取证书的时候，跟他共同背一些试题，或者考察他的进度，两个人共同做一件事，分享同一份喜悦，就会使两个人多了很多默契，新婚时候的感觉也来了，激情也就不期而至。

两个人的目标必须是一致的，不要因为这个目标而阻碍了另一个人的发展。那些有分歧、不能够当成共同目标来对待的事情，不能单方面地要求对方的牺牲，必须双方都同意，都情愿为某件事而付出。因此制定共同目标时，也要视家庭情况而定，实现目标的主题必须要轮流涉及婚姻中的两个人，否则总是一个人在牺牲奉献，对方就会产生抱怨。

目标制定时要明确一些，那些“十年之内我们要使家庭更幸福”的目标，有等于没有，要制定一些可以做得到、且十分明确的目标，比如，“三年之内，我们一定要存够二十万”，然后再在这个目标的基础上去实现另一个。

在达成目标的同时，兼顾你们的感情，不能只顾实现家庭的目标而总是在忙忙碌碌，却忘了感情的培养。因此，要学会将目标进行拆解，大目标分成一个个小目标，一步一步去实现。这样既有助于实现目标，也有助于你们从共同的努力中达到感情的愉悦和安慰。

婚姻中的两个人必须从生活中吸取正面的力量，共同努力让生活变得更精彩，让感情变得更加牢固，更加深厚。盲目才会造成枯燥，无论是在工作上，还是在婚姻、感情上，我们都不能够盲目，一定要目标明确，使夫妻双方增添更多激情，更多活力。

✻表达你的爱，别让爱在悄无声息中溜走

热恋中的男女常常有说不完的悄悄话，表达不完的爱意。然而一旦进入婚姻，我们的热情好像就用光了，不再说那些让对方和自己脸红心跳的甜言蜜语，也不再有那些让双方都激情四射的举动。的确，情到浓时情转淡，任何人都不能改变恋爱的自然规律，但是我们也要在适当的时候重温一下热恋时的美妙感觉，不要让爱意和激情随着时光流走。

很多调查研究发现，现代人婚姻中的语言已经简练到了令人吃惊的地步，尤其是那些结婚多年并有了子女的家庭，夫妻间的对话往往是“饭做好了吗”“孩子的衣服脏了”“该睡觉了”。很多人更是认为，结婚多年之后，夫妻双方对彼此都熟悉到了骨子里，那些你侬我侬的浓情蜜意更因为年龄的原因而不好意思说出来了。

婚后男女常常因为各种原因吝啬自己的甜言蜜语，两个人的感情甚至到了冷漠的地步。这些年的日子过下来，男人对女人的话越来越少，因为他

不愿意“对牛弹琴”;而女人对男人却是话越来越多,因为没有效果,她只好“老调重弹”,所以唠叨成了女人年纪渐长的特征。因为缺乏有效的沟通方式和沟通通道,男人几乎变成了聋子和哑巴,而女人也无视男人的需要,变成了爱情的盲人,这就是所谓的“爱情聋哑症”。

如果你有些话不想跟伴侣讲,如果你很少跟爱人说甜蜜的话,如果你不知道爱人真正需要些什么、在烦恼些什么,如果你们总是很少坐下来交流感情,那么你们之间极有可能是患上了爱情聋哑症。那么,爱情聋哑症要怎样避免,如果发生了,又要怎么处理呢?

★打破错误的观念。婚后并非不需要交流和表达你们的爱意,如果想要婚姻更加幸福,充满乐趣,夫妻双方都应该学会表达自己的爱意和感受对方的爱意。婚后的生活的确变得现实多了,但是想要从生活的繁琐和平凡中体会到相互支持与体贴的幸福,就要有一点点激情和沟通。

★表现得主动一些,谁更热情主动地维持自己的婚姻,谁就应该对婚姻有更多的主控权。不要总是想到自己的尊严,尊严和快乐之间,你选择哪一个?很多女人都只顾着自己的矜持,而忘了作为妻子的义务和责任;男人也因为顾及自己的“男子汉”尊严,而不肯在婚姻中主动示好,这样双方的交流就会很困难。

★学会忙中偷闲,时常交流感情。娱乐和感情交流是巩固婚姻的一种好的方式,同时也可以调剂紧张的生活,使人们得到情感的抚慰,使夫妻两人能够以更充沛的精力和更大的热情投入到家庭的建设中去。

★学会在婚后更好地表达自己的浓情蜜意。如果实在不适合“我爱你”这类直白的表达,你可以用更含蓄的语言表达出你的关心之情。比如“天冷了,多加件衣服”、“夜深了,小心熬坏身体”。或者用更温情的行动代替语言，帮他披一件大衣，帮他盖好被子，帮他倒杯热茶等。这样的关心方式既不显得肉麻，又显示了你的关怀体贴，是很好的表达情意的方式。

学会表达我们的爱情，寻找我们曾共同拥有的美好感情，用沟通和良好的表达向爱人展现我们的爱意，让我们的生活有更多的激情和活力，才能把“爱情聋哑症”扼杀在萌芽阶段，才能拥有更和谐、更美好的婚姻。

学会激情对话，提高生活情趣

在婚姻中，夫妻间的对话应该充满激情，不能够敷衍了事，应该热情地回答对方的询问，热情回应对方的爱，才能使婚姻更有活力。很多夫妻在婚姻中的对话都过于简单，诸如“还不错”“蛮好的”“还可以”“睡觉了”，这种没有营养的话让人会感觉非常地沮气。对话中带上自己的感情，带上一点柔情蜜意，可以让我们的生活更加有情趣，有激情。

在婚姻中，甜蜜的情话应该多说，仰慕、赞赏的话应该激情地说；批评的话应该有技巧地说；具有引诱暗示情调的话应该悄悄地、大胆风趣地说；活力四射的争吵话应该时不时地说一两次。既然是老夫老妻了，双方都已经十分明了对方心中的情愫，那些欲言又止、羞羞答答的表白还是尽可能换成热烈的示爱吧。夫妻间的情趣就在于在热烈和羞涩中间徘徊，你心中的情意尽管不说出来他也清楚，但是表达出来却更能让他心动。男人都是粗心的，尤其是不解风情的男人，有时候再多的眼波流转也比不上轻轻地微启樱唇，也比不上一句轻轻的娇嗔。

生活中，我们怎样进行激情对话呢？

★当他询问你的意见和感觉时，告诉他明确的答案。把那些“你看着办”“还不错”“还可以”之类的没有营养的话淘汰掉。模棱两可的话带给对方的印象，通常是你不在意或你感觉不满意。如果对一件事情你没有意见，觉得他怎么做都可以，那么你的表述一定要表现出信任他、尊重他的意思，比如说把“你看着办”改成“就按照老公的意思来处理吧”“你做事我放心”“老公这么能干，你的意见一定是最好的”这类看起来有赞扬、欣赏和认同的话，这样对方会感到你不是敷衍他，而是真正赞同他。

当他询问你的感觉时，碍于羞涩而出口的“还不错”“还可以”会让他觉得你在评论自己，并且分数不高，会打击他的自尊心，这时不妨换成激情四溢的“棒极了”“感觉超好”，或者带有严重感情色彩的词语“我满意极了”“我好高兴好快乐”。总之，要换成带有你的感情的话，而不是泛泛的评论。

★甜蜜的情话要多讲。像“我老公今天真帅”“今天打扮这么精神”“我爱死你了”“这么会疼老婆，想要什么奖励”之类的情话要多说，不仅要表明你对他的爱意，还要话里话外暗示他非常爱你，对你非常好。人是很容易接受心理暗示的，暗示多了，七分爱也变成了十分。

★风趣而大胆地讲出你的诱惑意图。夫妻之间讲话应该百无禁忌，尤其是当不涉及批评反对的时候。比如，娇嗲嗲地唱一句“郎啊郎，你是不是困得慌”比“该睡觉了”多了很多诱惑和暗示，也就多了很多激情和活力。像哄小孩似的，“乖乖，赶紧洗个澡，要上床睡觉觉喽”肯定给对方一种更熨帖更温情的感觉。

★活力四射的争吵中用幽默化解难堪。比如老公抽烟，老婆很生气，后果很严重。老婆说：“你戒烟吗？不戒烟咱们就离婚！”老公道：“戒，一定戒！找个好日子，有纪念意义的日子，我一定戒烟！”老婆问：“什么是好日子？什么日子有纪念意义？你自己说吧。”老公想了想，说：“那就二月三十号吧。”这样的争吵会使生活越吵越有滋有味，越充满激情和活力。

总之，在日常的生活当中，我们要常常运用自己的智慧，运用幽默去化解矛盾，运用富含感情的激情对话来提升婚姻生活的情趣。情趣是一种感觉，而不是理性的评论，把你的感觉、你感性的一面用风趣、热烈、大胆的话表述出来，就是生活的情趣。

现代社会的夫妻，更要学会充分利用语言进行沟通。说句笑话，一下子就能使气氛活跃起来；表示一下亲热，便可唤起对方心底的春潮；一句抱歉，可即刻化解对方的怨气；争论不休的两人，会因一句甜蜜的情话而变得心平气和……巧妙的富有激情的语言可以让你的生活和婚姻变得生机勃勃、趣味无穷。

开阔视野，让婚姻生活情趣横生

很多女人都会抱怨她们的婚姻生活缺少激情，一方面固然在于结婚久了，两个人的感情逐渐平淡；另一方面也在于女人们被琐碎的生活磨平了棱角，平庸无聊的事情占据了她们生活的大部分，使之对于任何事情都缺乏热情，缺乏想象。

婚姻生活本来就应该以平淡温馨为主，太过于激情会让两个人都感觉疲累，但是如白开水一般的平淡也会让婚姻少了很多乐趣。那么，怎样才能让婚姻有适当的激情，既不会造成两个人的困扰，又会让婚姻生活增添不少情趣呢？

★要增强交流，要不断地了解爱人心中所想。很多夫妻都愿意就某一问题和伴侣进行讨论，但是能够达成共识或者真正改变自己看法的却寥寥无几。根本原因就在于你从来不打算真心地和他达成共识，只打算说服对方。弄清楚对方真正的想法，并站在他的角度、你们共同的角度考虑问题，是交流应该达到的目标。夫妻间的交流应该注意很多技巧，而通过交流了解爱人目前正在想什么，工作或生活中是否遇到一些困难，自己有没有给予及时有效的帮助，获取此类有效信息应该是最终的目的。在平淡的婚姻生活里，最具杀伤力或破坏力的不是第三者，而是婚姻中两个人的缺乏交流。没有共同语言是两个人缺乏激情的根本症结所在。

★一起尝试一些刺激的活动。"惊险"和"刺激"是带来激情的重要元素，医学专家告诉我们：人体对外界事物的害怕，可以给人们带来更多快乐。比如，一起滑雪和攀岩，一起去蹦极，不仅可以在惊险刺激中获得快感，而且你们会感到两个人是一起克服困难的，这会给你们的婚姻生活带来最难忘的记忆。

★做一些叛逆的事情。我们常常会为自己做了小小的坏事而在心中感到偷偷的愉悦，其实，夫妻也可以做一些叛逆的事情来提升两人之间的激情，比如两个人一起告一天假去享受二人世界，比如在看电影时悄悄藏在某个角落，欣赏他焦急地寻找你的样子；试着在争吵后暂时地消失一下，几个小时就好；毫无顾忌地和对方笑闹嬉戏，偶尔做个叛逆的坏孩子，做个引人"犯罪"的小妖精，你会寻找到很多激情。

★从另一个角度去了解对方。专家告诉我们：从不同的角度去看待对方，你们可以看到伴侣的不同侧面，你们的爱意也会有所增长。带他去你平时工作的地方，或者带他去健身，共同去做一件从来没体验过的事情，让他看到你不同于平常的活力无限、激情四射的另一面，会让伴侣对你产生更多的新鲜感。

★学会“引诱”对方。事先准备好一些道具，给对方一个惊喜，会让你们的生活充满激情。比如，可以找机会在门上贴一些“我爱你”的字条；或者在对方加班的晚上写下诸如“饭在锅里，茶在保温杯里，我在床上”的诱惑性语言，非常温馨，也非常富有挑逗性和激情。

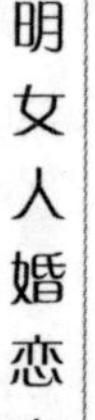

激情和刺激、冒险是分不开的，不但需要热情还需要智慧，夫妻间的婚姻生活也是一场冒险。如果你不确定对方的热情愿意和你一起迸发，那么就去试探一下吧，如果他能够积极地回应你的热情，你们的婚姻就将迸出更热烈的火花。

找到“激情点”，开创你的动人生活

婚姻中的男女要学会创造激情，才能使生活变得充满活力，使家庭婚姻充满乐趣。家庭是人们工作之余休息的地方，所以家庭的主调更应该是温馨的，是平缓的，是充满爱意的。但是，聪明的女人应该学会在平淡中创造一些充满激情、激动人心的时刻，来活跃家庭气氛。

人们对待婚姻生活普遍缺乏激情，很多时候是因为夫妻双方找不到共同语言，两个人的激情点不在一个地方。比如，女人更容易因为自己的孩子取得了进步而激动，尽管这种进步可能司空见惯；而男人更容易因为体育赛事或者国家大事而激动。这些都说明，女人更关心身边的生活，男人更注意外部世界的精彩，两个人关注的对象有很大区别，生活的步伐是不一致的，自然便会觉得沟通困难,没有激情。

想要两个人享受充满活力和激情的生活,就要试着去创造共同的激情点,把一个人的独唱变成两个人的合唱,因为同一件事情而兴奋、期盼并且激动不已,两个人的生活自然就多了激情。

★共同期盼一件事情。比如,在新世纪来临的时候,共同等待新世纪的钟声;在奥运会开幕时,共同等待奥运会开幕式的到来。两个人因为某个时刻的到来而欢呼,而拥抱,而流泪,可以使双方体会到,彼此心脏跳动的频率是一致的,你们有共同的兴奋和激情。只要我们刻意寻找,生活中总可以找到那么几件值得共同期盼的事情。比如,一起等待新年的钟声,在鞭炮声中拥抱;比如一起在深夜等待流星雨的到来;一起数着日子等待宝宝的第一声啼哭;共同等待你们一起栽种的昙花盛开等。有了共同的期盼就有了共同的激情。

★培养共同的爱好,一起去享受某件事情。比如,两个人都喜欢滑冰、滑雪,你们可以相约去享受这件事情的乐趣。没有共同的爱好,也可以去培养,比如你对艺术感兴趣,他对体育感兴趣,你们可以共同去欣赏艺术体操比赛,那是最有艺术感的体育运动。两个人为同一件事的不同精彩来鼓掌,那也是一种共同的欢喜。

★经常和孩子们待在一起。如果你们没有孩子,也可以和别人家的小孩一起嬉戏。要知道孩子是这个世界上最富激情的人群,和他们在一起,你会很快地快乐起来,充满青春和活力。共同和孩子在一起,你们就会变得更容易快乐,也更单纯。

★常常表达对对方的爱意和欣赏倾慕之情。彼此欣赏是爱情的最大动力,表达你的欣赏之情,可以让对方为你激动,为你充满激情和干劲,充满热情和活力。好孩子是表扬出来的，好老公是倾慕出来的，欣赏倾慕可以制造更多的激情。

生活中的激情是需要创造的，尽管有些人天生就充满激情，有些人天生就比较冷漠，但是，通过细致的观察，你也会发现他的“激情点”。通过共同培养和分享这些“激情点”，每个人都能享受充满激情的婚姻生活。

积极引导，别让婚姻生活生锈

在婚姻生活中，对爱和激情的迟钝与麻木是最大的悲哀。对于那些不容易感觉到对方的爱并且不容易激动、不容易产生激情的人，伴侣要给予最多的关注，给予积极的引导，你们才能分享更多的激情。

有很多人有时候是不容易感觉到爱和温馨的，这时候，爱侣积极的引导就显得尤为重要。尤其是对于感情细腻的女人来说，更要积极引导伴侣享受激情和温情，享受爱意。否则，你自说自话了半天，对方没感觉似的，是不是也感到非常挫败？不可否认，有时候爱和激情是需要引导的，引导得好，即使再不解风情的人也会感觉到你的浪漫，感受到你的爱。

记得我曾经在一个星期天和爱人、孩子一起包水饺。我在一边和面，爱人在拌馅儿，孩子在一边唱歌。我自己觉得很温馨浪漫，感到很幸福，可是看看老公那张冷冰冰的脸，就觉得他好像并不享受这种感觉，大概因为不喜欢做家务。于是，我在旁边笑语晏晏地说：“你看咱们一家三口多好啊，三年前，你能想象这样的景象吗？老婆在旁边帮你做饭，孩子在一边唱歌。”听我描述得这样欢喜，爱人也高兴起来了。然后我又不失时机地逗孩子讲话，孩子话还说不好，有时候咬字不清，听起来很好笑，顿时气氛变得其乐融融，这顿饭我们也吃得非常愉快。

有时候，女人应该担当家庭快乐的引导者，家庭气氛沉闷，女人要负一大部分责任。本来男人肩上的担子、竞争的压力普遍要比女人大，女人工作得不顺利了，大不了回家当家庭主妇，男人却没有退路。女人感情丰富而敏感，所以对于爱的感觉，对于快乐、激情等情绪，对于家庭的温馨感更容易体会，当然对于烦恼也更容易体会。所以，女人首先要学会筛选自己的感情，做到悲哀、生气不扩散，欢乐、激情要传染。女人更富感染力，女人的高兴快乐只要一句话就可以传染给孩子、丈夫；而一个女人如果不高兴了，你大概要准备一箩筐的笑话才能把她哄笑，还不一定能忘掉所有烦恼。

女人很容易因为一件事情而变得兴奋，叽叽喳喳个没完，把你的这份喜悦、这份激动传染给你的丈夫是件很容易的事。比如，你觉得一个笑话非常好笑，边笑边讲给你的伴侣听，即使他很严肃，不爱笑，也会被你的情绪感染。女人逗男人笑，哄男人快乐，有时只需要一句话。学会传递你的激情，学会让整个家庭都感染你的快乐和活力，是每一个女人的责任。

怎样引导男人分享你的激情呢？

★用语言来描述美好的景象。比如“我们这样多浪漫呀”“我真想这样和你一起活到80岁，那时候，我肯定变成了一个白头发的漂亮老太太”“快看，好激动人心啊”等这类的美好描述，会把他的激情及时地调动起来，跟你一起分享快乐。

★用动作来表示你的激动。比如，看到你喜欢的球队进了一个球，激动地大喊万岁，一边紧紧地拥抱他，或者一下子跳到他身上，或者从地上一下跳起来，搂着他的脖子快乐地大喊激情的语言搭配着大幅度动作，更容易感染人。

★积极回应他的爱意和激情。当他对你表达出他的爱意、他的激情的时候，积极地回应他。

对于生活的激情，我们每个人都有自己不同的感觉方式，对于那些平日比较冷漠、不容易激动的人，我们要及时地引导他们分享生命中的激情，让飞扬的激情充满我们的青春和生活。

第10章

隔点距离：让彼此自由呼吸

❋信任对方,“查岗”应适可而止

在婚姻中,男人和女人都难免有一点独占欲。我们常常可以看到一群人玩到兴高采烈时,有位仁兄的手机响了,电话里有一个或者温柔或者霸道、或者焦急或者怒气冲冲的女声在问“你在哪里?”然后此仁兄多半要躲进卫生间,抚慰另一半的怒气。如果玩到深夜,大概大家的手机都会此起彼伏地响起来。

这样的“查岗”,我们司空见惯,它是正常的,很大程度上是爱的表现,是对方牵挂你的一种体现。对于这样的查岗,我们最初可能感觉到甜蜜,时间长了就会感觉不耐烦,但总还在可以忍受的范围内。但是面对另一种“查岗”,我们就不得不小心了。

★在对方告诉你他在哪里、在干什么之后,仍然显示出你的怀疑、你的疑虑。

★偷袭,比如,偷看对方的聊天记录,偷看对方的私密日记。

★电话突击。查看对方的手机短信,并且对不熟悉的号码反打过去,证明对方的身份,在上班时间突然打电话袭击。

★扔下自己的工作突袭他,打着“意外惊喜”的旗号,实际上却是在怀疑他。

★利用跟踪、侦查、请私家侦探等方式查岗。

其实,把另一半看得这么紧并不是什么明智之举。记得莎士比亚的经典悲剧《奥赛罗》吗?主人公奥赛罗因为深爱自己的妻子而生疑,并在小人的挑拨之下产生了强烈的嫉妒，最终在狂怒之下，亲手杀死了自己的妻子，酿成了千古悲剧。当一切真相大白之后，悔恨交加的奥赛罗自杀了，临死前奥赛罗说了这样一段引人深思的话："你们应当说我是一个在爱情上不智慧，过于深情的人，嫉妒心一旦被煽动，就会糊涂到极点……"

在现实中，又有多少人是这样的，只因情到深处，就产生深深的占有欲，一旦有点风吹草动，就糊里糊涂地认定爱人的背叛呢？许多陷入爱情的人都坚信，爱就是将对方无偿占有，这种观念，让"查岗"变成了爱和牵挂的证据，让猜疑披上了爱情的外衣，从而引发了无数因爱生恨的悲剧。

那么，人们为什么会产生"查岗"这样的念头，并千方百计地不懈坚持呢？

★控制欲。在婚姻中，无论是男人还是女人，都会产生强烈的控制欲，仿佛只有对方在你的视线范围内，在你的监视范围内，才能确认他是忠诚的。你想控制对方，用你们的手机，用你们的感情和婚姻的责任。其实这是非常不明智的，爱情不是占有，而是付出。事实上婚姻这份契约已经帮你在一定程度上控制了对方，更多的监视和控制只会让对方产生不满及抱怨，对你们之间的关系一点好处都没有。女人从理智到情感上都要接受这个观点，克制自己想打电话或者偷窥对方隐私的欲望。

★不自信。通常双方条件差距大的情况下，不自信的人更容易查岗。因为有失去的恐慌，所以总是处在一种战战兢兢的状态之中，总是担心失去对方。比如，一位女士总是喜欢查岗的理由是，"我比他大六岁，万一他把我甩了，我怎么办？"对于这样的妻子，我们只能鼓励她首先建立自信，有信心了，就会少很多疑神疑鬼，也就少了很多自虐行为。

★不相信你们之间的感情，不信任你的伴侣。很多查岗常常都是因为

一个不经意的原因或误会引起的，比如在他的兜里发现了照片，在他的旅行箱里发现了女士的化妆包，或者他最近发短信、打电话频繁了一点，他最近变得爱打扮了。这些反常状况常常会成为疯狂侦查的导火索。要知道，怀疑的种子一旦种下，就会不达目的不罢休，就算你通过各种手段都查不出异常，也总会在心里留下一个阴影。如果当真遇到了这样的事，最好的方法就是当面问清楚，如果他解释得合理，就应该相信他，除非你真想离婚。

★你的身边有一些喜欢挑拨是非或者神经质的人。比如，你的某个女友忽然告诉你，她看到你的老公正在和一个漂亮女人吃饭，也许那不过是正常的应酬，或者是和客户谈生意。或者是你的某个闺蜜告诉你她的老公有一些出轨迹象，劝你最好回家也查一查。遇到这样的朋友，你最好回避，离她远一点，因为朋友应该在好的方面互相影响和交流，而不是相互出馊主意。

夫妻之间的"查岗"应该适可而止。夜深了，对方还在加班或者应酬，应该提醒他早点回家休息，这样的"查岗"总有一点甜蜜的感情在里面。但是像对待大敌一样斗智斗勇的"查岗"则大可不必。

❋小别胜新婚，适时"时空相隔"

夫妻两人如果整天黏在一起，双方对彼此都熟悉透了，不仅没有了激情，还可能会产生审美疲劳。所以夫妻两人在一段时间的相聚之后，有两三天甚至一周以上的小别，让对方在此期间体验一下没有你的不便，体验一下牵挂的感觉，日后的日子便会感觉倍加甜蜜。

人的感情是丰富而复杂的，两个再恩爱的人，常年形影不离地在一起，也会产生厌倦。而一旦分离，就会想起对方种种的好处，彼此的思念和爱恋之情就会油然而生，却因为距离的关系得不到发泄的渠道，就会越积累越多，当两个人再次相聚时，感情就会像洪水一样冲破闸门汹涌而出。因此人们说，“小别胜新婚。”

婚姻中的夫妻，要给自己的浓情蜜意留一点空间，给回忆和体验这种情感留一点空间。有一句话说得好，“当时我们只顾忙着谈恋爱了，哪还顾得到彼此的情爱？”往往是在离开的时候，你才意识到对方的重要，才知道你已经习惯有一个人在身边。

那么，平时我们要怎样制造“小别胜新婚”的效果呢？

★不要总是按时下班，按时在家等待他吃晚饭。等待的时间是漫长的，等而不至，则会让人产生哀怨的感觉。要让他也体会一下等待的心情，比如找一个晚上，和小姐妹们约好去泡吧，去K歌或者自己去看一场歌剧、电影，直到深夜才回家。当然，你可以在他回家以后打电话告诉他你在干什么，让他不要担心。虽然他知道你和哪些人在一起，在干什么，开始还是免不了对你有一点点埋怨，随着时间流逝，这一点埋怨会变成思念和哀怨，等你回家以后，他会感觉到安慰和安心，甜蜜的感觉自然就来了。

★出差之前，告诉他大概你多长时间能结束差事，给他一份期盼。出差的时候，不要每天都急着打电话给他报平安，偶尔有一两天让他找不到你，这就会让他产生猜疑，产生联想，对你的思念和牵挂就会更深了。然后给他一个合理的解释，以打消对方的猜忌之心。让男人体验一下数着日子期盼的感觉，他就会更思念你，珍惜你。

★不要按着预定日期回家。虽然提前回家能够带来意外惊喜，但是最好不要采取这种方式，最好拖延个一两天再回家，让他感受一下从日出等到日落，结果满腔欢喜落空的那种失落，然后打电话告诉他，因为临时出了状况，你要延迟一天再回家。等情绪经历了一系列的起伏，耐心也用尽了，从满腔喜悦到满腹失落牢骚，再到升起希望，那种感觉才是最甜蜜的。

★趁你不在他身边的时候，诉说你对他的爱意，诉说你对他的思念，让他意识到你也是牵挂他的，也和他受着同样的寂寞和煎熬，他会更加爱你。

要制造“小别胜新婚”的效果，就要让双方都受够折磨，要知道，爱就是两个人互相折磨。当然，也要搞清楚彼此承受的底线，否则，时间长了，分别久了，两个人就会产生生疏的感觉，还要重新慢慢地温热起来。所以掌握好火候很重要。

摆脱束缚，给爱喘息的空间

很多男人都觉得女人的爱太过沉重，甚至觉得自己无法承受。其实这是可以理解的，如果一个人全心全意地爱你，甚至胜过他自己，而对你却毫无所求，你是不是会手足无措，觉得无法回应？

女人要学会给男人轻松的爱，让他觉得你的爱不是他的负累，不是他的束缚，让他觉得你的爱可以让他飞得更高，看得更远，这样男人才不会觉得在婚姻中受束缚，才不会觉得喘不过气来。女人要承认，爱情像人一样需要空间，也需要氧气，才能获得最起码的生存。学着轻松地爱他，学着有尊严地爱一个男人，才能够让爱情的双方都受益。怎样给一个男人轻松的爱？怎样让你们的爱情获得喘息的空间？

★给他有尊严的爱。爱是双方的事，爱是乞求不来的，不要总是问“你是不是不爱我了”之类的蠢话，不要怀疑对方的爱。一旦他不爱你了，也要有“你若无情我便休”的勇气，不要死缠不放，要死要活。爱也是有尊严的，那种离开对方就活不下去的女人，可能一时之间获得男人的好感，但是时间长了，就会让男人感觉压力重重。不要施舍你的爱，更不要别人施舍来的爱，让他明白有他的爱你会活得更好；没有这份爱，你仍然乐观，勇敢。

★不要把爱情当成生命的唯一。爱情永远是女人生命中重要的一部分，但肯定不都是全部。把爱情和爱人当成你的全部，女人就会产生怨气；而保持自己的追求和理想，女人的生活才足够丰富。能够自娱的人，别人更愿意给她更多的爱。

★不要太痴缠，给他一点个人空间。当你需要他的陪伴，需要他的帮助，而他不能给你的时候，你要学会照顾好自己，学会坚强地独自面对困难。要知道自己的男人不是万能的，他不是超人，也不是蜘蛛侠，不要过于苛责他们。男人更喜欢在必要的时候能够独立的伴侣。

★当他为了你们共同的家奔波劳累的时候，不要埋怨他不够体贴。要知道爱情也是要建立在物质基础上的，不要说那些“你要工作还是要我”的傻话。当男人沉浸于思考或者工作的时候，不要试图把他的注意力引到你身上来，给他足够安静的空间，为你们的爱创造更好的环境。

★不要幻想把男人塑造成你想象中的样子，不要自以为高明地干涉他的工作。爱他就要信任他会做出更好的决定，尊重他的理想、信仰和追求，无论他做了对的还是错的选择，你都会接受他，并且支持他。当他不像你想象的那样聪明和坚强的时候，试着接受他的不完美，因为你爱的是一个男人，而不是神。

★给他足够而适当的爱。有人说爱情就像拔河，当双方的力量均衡时，你们就可以维持平衡；当一个人放手时，就会把另一个人摔得疼痛。但你是否想到，当你爱得太用力，爱得太多，也会使绳索偏移，使爱情失衡？试着和他付出同样的爱，也索取同样多的爱。爱情的压力太大，在于你付出的太多，对方承受不了，或者索取的太多，超过了对方的所有。

给他轻松的爱，留下一点爱自己，爱家人，爱这个世界。爱情不是生活的全部，当你把爱理解得更为广泛、更为深刻的时候，你就能够把握两性中爱的智慧。

尊重彼此，不去触碰对方的隐私

有时候午夜梦醒，看着枕边人你会发现，你并不是那么了解对方，他甚至是那么陌生。“至亲至疏是夫妻”这句话肯定有一定的道理，谁也不能真正看清一个人的本质。对于婚姻中的两个人来说，彼此之间熟悉、相爱是一定的，但是有时候你也会发现你并不真正认识他，于是不断地去挖掘他的不同侧面，甚至不顾及对方的隐私，非要找到一个真正的他。但是，这对于婚姻是没有任何好处的。

婚姻当中，女人要学会尊重男人的隐私，尊重他不为人知的另一个侧面。坦白来说，每个人都有缺点，如果你固执地去挖掘他不想告诉你的丑陋的一面，难道对你们的婚姻有什么好处吗？有时候，了解得越多就会越失望。女人对于男人有必要了解，但不能够要求他做一个透明人，事事都必须向你报备。给对方留一点私人空间，你自己也能够活得轻松一些。

那么，究竟有哪些事是你不应该在意或询问的，你应该尊重他的哪些隐私呢？

★关于他的过去。任何人都有过去，没有人是一张白纸。对于那些细节问题，再三追究是没有意义的，这不仅会引起对方的不耐烦和你的烦恼，还会影响你们的感情。当你意识到，你拥有的这个怀抱，曾经属于别人；你依靠的这个肩膀，别人也曾经依靠过；你拉过的手，曾经牵着另一个女人……你还有兴趣有勇气和他一起甜蜜地生活吗？有时候知道是一回事，听他细细地讲述则是另一回事，所以，不要逼问他的过去，未来才是最重要的。如果你介意，如果你有洁癖，如果你不能忘记，那么，对于你来说，从来不知道或许是最幸福的。

★他内心深处的那个人。你们是夫妻，但你们可能不是彼此最深爱的那个人。也许你们都"曾经沧海"，在他的内心深处藏着一个人，那是他最浪漫的回忆，那是和他共同拥有过青春最美好时光的一个人，对此你嫉妒得要死，你拼命地想要挖掘出一些东西。这个幻影是存在的，但是请你不要再挖掘了，悄悄地掩埋掉你曾经挖掘的痕迹，让那个人永远埋在他的内心深处吧。因为他们之间已经不可能了，用你的爱去覆盖她在他心中的影像，这才是最明智的做法。婚姻的意义不在于追求公平和真相，怎样对你们的婚姻更有好处，才应该怎样做。

★不要怀疑他背后的东西。女人对于爱情有一种天生的不安全感，总以为男人背着自己隐瞒了一些什么东西。所以很多女人热衷于查对方的银行卡密码，查他的游戏账号密码，了解和他交往的每一位女性甚至网友。这完全没有必要，信任对于任何人都是必需的。婚姻把"我"变成了"我们"，但是并没有让你们共用一个大脑，一颗心脏，还是给他留一点隐私和尊严吧。

★对于他灵魂深处的想法和欲望，不要试图染指。每一个人都需要一块遮羞布，没有人能够容忍完全的赤裸。每个人的内心深处都藏着人性的缺陷，只要不是本质上的恶劣，只要没有做出罪恶的行为，这个人就应该是无罪的。可是有些女人总是喜欢剖析他的缺点，“你敢说你没有一点自私吗”“你敢说你没有一点心动吗”“你在想些什么”“你到底是怎么想的”，这些话常常从女人嘴里不假思索地说出来。那么，你这样拷问过自己的灵魂吗？给对方留一点尊严吧，对于他内心真正的想法，如果没有必要，就不要去深究，因为思考是痛苦的根源，而赤裸是两个人的痛苦。

尊重彼此的隐私，是两个人一起生活相安无事的前提。不要认为夫妻间就应该坦诚无欺，没有秘密。给对方留一点秘密，留一点隐私，就是承认他还是一个单独的个体，而不只是家庭的一部分。

适度保留，保持自己的神秘感

在婚姻中保留一点神秘感，保留一点隐私，拥有一些属于自己的小秘密，也是增加自己魅力、增加婚姻新鲜度的好方法。在婚姻中，不要做“透明人”，不要让他对你的一举一动、每个想法都了如指掌。让他有更多的猜想，让他不断地去探究你，揣测你，他才会更爱你。

儿童都有一种天性，喜欢探险，喜欢在探索中获得乐趣，男人有时候跟孩子一样，他们不喜欢一览无余的风景，而是喜欢不断地去探险，不断地去挖掘，从不同的角度、不同侧面来了解自己的枕边人。那么，留一些秘密去给他发现吧，让他不断地对你的行为和举动猜测不已，让他慢慢地了解你与众不同的魅力。让他像抽丝剥茧一样，慢慢地观察和了解你这个人。对于你的过去，你的真实想法，你的计划，不要急于呈现在他的面前，让他慢慢去揣度，去研究，他会在研究的过程中爱上你。

想要让你的婚姻生活保持新鲜，就要用留给对方一些问号的方式让他慢慢了解你，寻找和你相处的乐趣。那么，到底在哪些方面我们要有所保留呢？

★自己的过往坚决不提。即使他问及也要轻描淡写地说几句，不要事无巨细地全部向他交代，留一些想象空间给他。让他感觉你是个历经沧桑的女人，但永远不知道你经历了哪些沧桑，给他留一点高深莫测的感觉。如果被他逼问急了，可以回答他："我也希望生命中第一个遇上你，可是那样的话，我们都还没学会珍惜，也许就不能在一起，所以，我宁愿像现在这样。"这样他就会珍惜你们现在的生活，而永远不去触碰那部分往事。但是不去触碰不等于完全忽视，不等于不好奇，他会在好奇当中探索真相，在探索中更加爱你。

★不要急着展现自己的全貌。让他自以为是地以为你是一个怎样的女人，当他对你形成一定印象的时候，展现出你另一面的风貌。不断地学习，不断地向他展现出你不同侧面的风情和魅力。让自己像一本书，不读到最后谁也不知道结局，这样他就会不断地阅读下去，百看不厌。不断地提高自己的修养，让你的一部分神秘感消失的同时，另一部分神秘感正在慢慢地成长起来。让他像爬山一样，本以为已经爬到了最高峰，结果抬头看到还有更高的山头等着他，就会产生一种欲罢不能的感觉。其实，女人都是横看成岭侧成峰的，怕的是你永远不进步，再高的山也有爬上去的时候，那时候，你就一览无余了。

★不要轻易向他展示你内心深处的东西。男人常说“女人心，海底针”，可见对女人心事变幻莫测的无奈。但这种无奈中又带着一些甜蜜，所以适当地保留自己的心事，让他去猜测，去探索。有句话说，“女孩的心思男孩你别猜，猜来猜去就会把她爱”，男人正是在猜测女人心的时候爱上她的，所以，保持一些自己的心事吧。

★女人最神秘的地方就在于总能在年龄增长的同时保持自己的多愁善感。偶尔用你的感性去处理事情，感情用事的女人有更多的神秘感和新鲜感，令男人更加爱怜。

婚姻中的女人对男人也要适度保留，保持一点隐私，保持一点自我尊重，能够让男人更加爱你。

洒脱生活，享受生活的女人最美丽

婚姻的确要牺牲男女双方的部分自由，但并不代表着结婚以后，女人就必须完全奉献，必须把自己所有的时间都奉献给家庭和婚姻。记住鲁迅先生在小说中提出的一句话，“我是我自己的”，永远保持你的部分自由，不要让男人以为，你结婚了，就理应把自己的全部奉献给他，就是他的私有物品了；要让他意识到，你仍然是一个自由自在的人，在尽到自己的义务之后，仍然可以保持某种未婚时的状态。不要总是和他一起活动，不要总是按照他的意愿来安排自己的生活，偶尔放松一下，回到未婚的自由自在，这样才能在他面前保持个人的魅力。当男人意识到，你不是他的附属品，你的思想并不由他来支配，你不是他生活中的全部，他就会紧张你，才会永远保持追逐征服的状态，你们之间的关系才会永葆新鲜和激情。

★保持若即若离的状态，不要一结婚就觉得离不开对方，有一刻分离，就要想念对方。在新婚时期，两个人恨不得每天形影相随，但是两人不可能总是厮守在一起。在结婚日久以后，最好能保持若即若离的状态，无论是距离上还是思想上，都不要让他完全掌控你。保持自己的节奏，由自己来掌控你们之间的距离，这样才能化被动为主动。

★自我介绍的时候，不要特别点明自己已婚的身份，除非有必要，不要让自己作为某人太太的身份出现，尤其是面对先生的同事。你可能以"我是谁谁的老婆"而自豪，这一点无可厚非，在老公面前也完全可以表现出来，让他有一种荣耀感。但是如果在你的思想里根深蒂固地存在这种观念，却是没有必要的，尤其在面对和你的伴侣没有交集的人的时候。在他的女同事面前可表明自己已婚的身份，以暗示："我是他的老婆，不要对他有非分之想"；在他的男同事面前则可隐去已婚的身份，这会让你的伴侣有一种危机感。这样的自我介绍技巧，可以巧妙运用对方的心理来制造一些距离感。

★偶尔自己出游一次。在假日的时候不要总是和他共同出游，偶尔自己出去旅游一次，拉起行李箱，独自上路，潇洒走一回。虽然少了一个人为你处理身边的杂务有很多不便之处，但是能够享受一下单身的时光，代价还是值得的。

★拥有完整独立的人格。其主要表现为：在经济上不依靠任何人，拥有坚实的经济基础，通过经济的独立，享受自我的满足感；在精神世界具有自我意识，追求自我的价值、自我的目标；不做男人的风景，不为取悦男人而丢掉自己的自尊，甚至牺牲自己的一切。

★保持婚前的工作状态和工作激情。完全不必为了伴侣的方便而选择做一个家庭主妇。你想要做什么就尽管去做,也许在实施之前要和他商量一番,要尊重他的意见,但这并不等于你会放弃自己,不过是稍稍做一点让步,依然要维持你的个性,承认自己作为一个自由人的独立性。

总之,做一个自由自在的无论在身份、经济还是在精神上都独立的女性,让他知道你把自由和独立看得比他比爱情更重要,你更依靠、更信任自己,他才会更懂得珍惜。

解码性福：让婚姻快乐永恒

❋饮食男女的正确“性福”观

对于男女之间的关系，很早我们的祖先就给出了正确的答案，告之曰：“食、色，性也！”也就是说追求男女之间的快乐和追求美食一样都是人的本性。孔子在《礼记》中也有“饮食男女，人之大欲存焉”一说，认为凡是人的生命离不开两件大事：饮食，男女。它们一个是生活的问题，一个是性的问题。

很多东方女性，尤其是年龄大一点的女性都觉得性是一件羞耻的事，是一个难于启齿的问题。其实，性和我们的吃饭睡觉是同等重要和同等平常的问题，没有任何值得大惊小怪和羞耻的。有几种对性很偏颇的理解，对婚姻生活会造成很大的害处，现在我们来一一分析它、更正它，为我们的婚姻幸福解除障碍。

★性事是羞耻的，肮脏的，下流的。这种想法尤其要不得。性也许是神秘的，但它绝对不肮脏，女人因为性而觉得害羞可以理解，但是鄙视性行为则大可不必。一件能够为你的生活带来很多快乐的事情，我们为什么要反对它？为什么要觉得它肮脏下流？夫妻间的性行为能够为生活带来很多快乐和激情，是一件非常美妙的事情。

★把性看做是自由的，认为在现代文明的背景下，能够为人们的生活增加乐趣的一切事情，包括滥交，都是合理的。这种理解更加荒谬。性的确能够给人们带来快乐，但是任何事情都要受社会道德规范的约束，性行为也不例外。你的一生中可能有多个性伙伴，这谁都不能苛责，但是在同一个时期，或者在婚姻内，你应该尊重你的伴侣。这是既定的游戏规则，再者，多伴侣的性行为对于人的身体本身就有很大的伤害，而且这种伤害具有传染性。那么，仅仅是为了自己和伴侣的健康，是不是也应该只参与文明健康的性生活呢？

★性仅仅是一项活动。这种理解方式把性的内涵变得过于狭隘了。包括性暗示、性幻想、性挑逗和诱惑在内的一切内容，都应该属于性生活。所以，在婚姻内，我们不但要以固定的性活动带来乐趣，还要学会通过调情、通过性诱惑、通过一切可以想象的语言和举止来增加性生活的情趣。当我们不方便进行某种活动时，仅仅亲吻拥抱或说说挑逗性的情话就能够缓解我们的紧张和渴盼。这是一种健康正常的生活状态，可以让我们的婚姻更富情趣，更有激情。

★性的进行方式必须遵循某种程序。这种理解非常刻板。你可以简单地认为性就是一项运动，不过它隐秘一些，就像滑冰一样，可以是单人的，双人的，花式的，总之只要是在道德许可的范围内，能够给你们带来快乐的性方式都可以尝试，婚姻中的性生活应该是百无禁忌的。那种"同一个时间，同一个地点，同一个姿势"的性活动应该加以改善，贫乏和枯燥的性活动是最大的婚姻隐忧。

正确的理解才能产生正确的行为。只有当我们对性生活有了正确的观念，有了明确的想法，才能解除我们对性的误解，才能使我们以更加正确、更加享受的态度来对待性，才能使我们的婚姻生活更加和谐。

✳和谐的性爱筑造稳固的家庭

随着时代的发展，人们不但对物质生活的质量有了很高的要求，对于性

生活、精神生活方面的要求也大大提高了，这是时代的进步而非堕落。尤其是对于20世纪70年代后的年轻人来说，性的和谐绝对应该作为家庭和谐的基础，应该作为衡量自己是否幸福的一项标准。

我们应该大胆地追求自己的"性"福，学会夫妻双方的相互和谐，在性生活中达到愉悦双方的目的。有时候，我们也要运用一点技巧。

★学会用性幻想满足自己，每个人的伴侣都不是完美的，也许他不够帅气，不够强壮；也许她不够漂亮，不够性感，但是我们可以采取一种方式——性幻想来弥补这种不足。会用性幻想来取悦自己的男人和女人都能够在性生活中找到更多的快乐。把你的伴侣想象成希腊神话中性感的男神，想象和你正在亲密的是一个最强壮、最漂亮的异性，或者是雕塑中最完美的男人大卫，这些幻想可以增加你的愉悦感，让你在性生活中体验到不一样的感觉，同时不会引起对方的反感和猜疑，是让性达到和谐的最佳手段之一。

★健康的性爱和性行为。什么是健康的性行为呢？可以说除了道德不允许的性行为，其他都是合理的健康的。夫妻间的激情对话和挑逗都是很好的性行为，能够为你的生活增加很多情趣。只要是夫妻两个人都能够接受的、都喜欢的性方式就是最好的。没有哪种最好，只有哪种最适合你们，是保守一点好，还是开放一点好，全在你们自己的掌握。记住最基本的原则：快乐是夫妻间性爱最大的目的。只要你觉得好，对方觉得满足就可以了。

★把性当成一种手段。很多男人都喜欢把性行为当成使女人妥协的一种手段，很多女人也会把性生活不配合当成一种惩罚手段。对于前者，如果自己的伴侣没有意见的话，我们可以实施，可以说，把性当成一种手段没有什么不好，在性行为中达成意见的一致，本来就是一种最原始的妥协方法。

至于把性行为作为一种惩罚的方式，要坚决反对，因为这种方式是最野蛮、粗暴的方式，比家庭暴力更严重。这种做法既不利于夫妻感情，更不利于事情的解决。

★适度的性生活。婚姻当中一定要有适度的性生活，过于刻板保守和过于频繁都对健康不利。三四十岁的女人对于性生活的要求渐渐提高，但是对于你的伴侣来说，三四十岁可不是那么美妙的年龄，男女想要达到绝对的和谐几乎是不可能的。所以婚姻中的“性”要通过其他方式来弥补，比如男人给予女人更多的疼爱，会让女人觉得非常熨帖。性对于女人来说并不是必需品，女人更渴望来自男人的爱，一些怜惜的小动作，比如抚摸女人的头发、亲吻她的手指，都会让她感觉非常满足。女人自己也要学会用更多的兴趣分散自己对性的注意力，用多种手段取悦自己，性爱瑜伽就是一种非常好的方式。再者男女都可以利用药物和锻炼等多种方式，尝试达到最高质量的性生活，对于性来说，质量是最重要的。

总之，只要两个人共同努力，就能够达到性的和谐，继而使家庭更加稳定，更加充满活力。

※做一个“知性”女人，悦夫也悦己

在婚姻生活中，女人必须懂得更多的性常识，更多的生理常识和心理常识，对性懂得越多，越能够增加性生活的愉悦，越能够掌握两个人的整体状态，并通过及时调整，给双方带来最大的愉悦和满足。可以这么说，性生活是否和谐愉快，很大程度上取决于女方，尤其是女方的心理状态。想想看，面对一个麻木的、刻板的或者拼命抑制自己、缺乏反应的女伴，再强壮的男人也难以兴奋起来，对于这样的女人，任何人都会束手无策。

在性生活过程中，从性兴奋的激发到情感交流，从双方身心的投入到共同达到性欲高潮，这个过程中有着重要的心理因素。如果有一方对性知识缺乏了解，或有一方采取消极态度，双方就达不到感情上的和谐及性的和谐。尤其对女性来说，性心理的作用更是不容小觑。女人必须对性有更深刻更全面的了解，才能在性生活中更主动更热情，为自己和伴侣制造更多乐趣，因此我们必须学习做个“知性”的女人。

★懂得取悦自己和对方。我们要懂得怎样才能取悦自己，采取哪种体位、哪种姿势会让自己感觉最舒适、最热情？有一些姿势动作固然会在我们的生理上制造乐趣，但是因为有的女人感觉那很屈辱，所以最好不要采取，尤其是对于思想比较僵化刻板的女人。思想和观念不是说改就能改掉的，但我们能改变自己的具体举动。对方会对哪些引导动作做出强烈的反应？哪些姿势和举动能够取悦对方？自己的哪些反应能够鼓励对方奋勇向前？哪些反应能够使他适当地放缓脚步？对于这些都有清楚的了解，才能把取悦自己的权利掌握在自己手里。对于“性”，女人也有一半的责任，也有一半的权力，有了你的配合，你们才能享受更高质量的性生活。

★懂得用特殊的方式向对方传达信号，建立固定的传达方式。性爱中的语言有时候是很煞风景的，当然性前戏中的甜言蜜语除外。普遍的观点认为，在性生活中用语言来表达自己的希望、自己的感觉是非常苍白和贫乏的。想一想性爱的中间部分最多只有二十几分钟，却要把感觉性、享受性的一部分精力分散给语言表达，是不是很不合理？婚姻生活过了几年，男、女双方都应该对对方的反应有了充分的了解，你喜不喜欢目前的状态，满不满意，是不是舒适，要有一个明确的传达方式。不舒服的时候，捏一下对方，轻轻地踢他一下；感觉满意的时候，让他看到听到你的反应；希望他加快节奏的时候，摇一摇他的肩膀，咬一下他的手指，时间长了男人就能够摸索到规律。当然也可以在事前做一个约定，或者事后进行简单的交流。很多夫妻建立反应通道的方式是把两个人性生活的片段用录像或者录音的形式记录下来，然后在事后进行交流，下次事前进行温习，这也是非常有效、加快熟悉对方的一种方式，值得借鉴。

★懂得性爱的步骤，也就是身体的反应觉醒步骤。你的身体对怎样的探索会起反应？对怎样的探索是非常反感的？你的身体有多少个敏感地带？怎样轻轻地按摩可以带给它舒适、兴奋的感觉，让它有渴望性爱的冲动？对方身体的哪些部位对你的哪些挑逗性动作会欲罢不能？怎样的力道对于伴侣是适合的？对方对你的哪些举动会感觉高度兴奋，对哪种挑逗和触碰感觉会更加美妙？从双方都有意图到达到兴奋，性爱需要多长时间，需要你在这些时间内做些什么？怎样过渡到性的主题会让你们双方都能接受，甚至会给你们带来意外的惊喜？性事完毕后，你们要就哪些方面做交流，要怎样表达你们的柔情蜜意甚至意犹未尽？怎样甜蜜地相拥而眠？

这些问题都需要夫妻两人自己去思考，自己去感觉。性爱对于每一对夫妻都是不同的，对于每一场性爱也会略有差别。但是所有接近完美的性爱都有着一个共同点，那就是对性行为和性心理的充分了解和把握。了解了这些，我们就能更好地把握和控制性的行进方式和行进速度，就能够更好地享受性爱为我们带来的快乐。

❋享受性爱，让爱愉悦身心

性爱是夫妻之间相互取悦的最直接的途径。随着社会进步，生活水平提高，人们对于性生活的期待和要求也是水涨船高。很多女人都期待着伴侣能够给自己愉悦、激情的性爱，但是却鲜有女人想到怎样享受性爱，怎样在性爱的过程中取悦自己，取悦对方。

在性生活中，对方怎样创造快乐是他的问题，而你怎样感觉、怎样享受则是你自己的问题了。这就像是你的味觉出了问题，那么给你吃再多的糖也解决不了你感觉不到甜的问题。所以，能否在性爱中得到愉悦，有时候固然与对方的技巧有关，有时候却纯粹是自己的问题。

性爱中，最重要的是学会放纵自己，充分享受性生活的每一个细节，让一切都顺其自然。学着欣赏对方迷蒙的眼神，狂浪放纵的举止，学着享受毛孔在爱抚下慢慢扩张的感觉，学着享受血液在皮肤下面汹涌聚集的感觉。总之，你的感觉越敏锐，你能够得到的快乐就会越多。

当然，有一些技巧也能够帮助我们提高感觉的灵敏度，从而提高性生活的质量。

★充分利用你的想象。美妙的想象可以让我们达到更美好的境界。那些诗意的描写有助于我们理解和享受性爱的感觉。女人的性爱感受普遍要比男人丰富、细腻一些，很多女人都会感觉自己会飞升而起，就像那些饥饿中的秃鹫，在饥饿中饕餮，在饕餮中舒展，翅膀是自由的象征。想象它们飞起来的感觉，痛快之至，喜悦无比，灵魂在曼妙的风雨中交给了自由，欢畅在血液中打转,幸福袭遍了全身,每一个细胞的颤动都充满了陶醉。虽然性爱不如文学作品中描写得那样美妙,但是把文学作品中诗情的描述带入你的性爱中,用那些美妙的文字去感受性,绝对可以增加你的快感,尤其是对于女人。

★及时让对方知道你的感受。无论是通过语言提示还是通过动作暗示,都要让对方明白你目前的状态,让对方明确取悦你的方式。同时,说出来的感觉会比你独自享受要更有激情,有时候,快乐恰恰是在叙述中得到的,而对方更能从满足你的信息中得到快乐。不能确定伴侣是否得到快乐和满足,是男人最大的烦恼。

★调节呼吸。通过训练男女都能够调整呼吸来适应对方,来感受对方的感觉,并根据对方的感受来决定自己的步调,保持和对方步调一致。这是最高境界的性爱技巧,通过呼吸来体察和调节你们的节奏。

★改变性生活的方式。长期用一种方式,双方都容易产生厌倦感。双方应不断创新,不断尝试不同时间、不同地点、不同姿势、不同的启发方式,这样有助于提高性乐趣,尤其是平时太严肃的人,更应该尝试不同的性爱感受。

★不要每次要求完美。有的人总期望每一次性生活都完美无缺,否则不是自责就是“怪罪”对方。要知道,完美是可望而不可即的,对于完美的苛求,会把原本已经很美妙的东西破坏掉。

★不要把性生活失败看得过重。男女双方偶然达不到高潮都是正常的,不必时时挂在心上,以免产生焦虑、紧张等情绪,给以后性生活带来阴影。据调查显示,心理因素是性生活不和谐不美满的最主要的因素。

★营造浪漫的环境。环境对性生活的美满程度有着不可低估的作用。杂乱的居室、噪音的干扰、无隔离的设施等,都会严重影响性生活的质量和数量。放一点点舒缓的音乐,点燃幽暗而浪漫的烛光,或者干脆在月光下共浴爱河，都能够让你的性感受更美妙。

性的高潮和满足没有任何关联，只要对性生活能够感到满足，就应该说达到了性和谐，至于想要尝试更多的激情，则要视个人的情况而定。据科学研究，一个人一生能够享受到的完美性爱是有次数限制的，所以对于激情的追求也要适可而止。

※适度性爱，让身体更加健康

适度的性生活有益健康。性学专家经研究发现，性爱是天然的镇静剂、镇痛剂，能够提高免疫系统的功能，同时能够增加一个人的寿命。适度而有规律的性生活，是夫妻最好的保健品，这是有科学根据的。据研究，有规律的性生活有以下几大健康效应：

1. 锻炼身体。宾夕法尼亚医学院研究认为：性生活相当于做慢跑运动，如果以每星期做爱三次计算，一年之内相当于慢跑 75 公里。床上运动在不知不觉中加深了我们的呼吸，心跳加快，我们全身的肌肉和骨骼甚至心脏和其他脏器都参与了这一运动。怪不得有人感觉隔日醒来像参加了一场长跑，浑身酸痛，这就是性爱能够锻炼身体的证据。

2. 有效减少心脏病和心肌梗死的发生。性生活可以让骨盆、四肢、关节、肌肉、脊柱更多地活动，促进血液循环，增强心脏功能和肺活量。拥有和谐性生活的人发生心脏病的危险比性生活不和谐的人至少减少 10%。

3. 缓解疼痛。据研究，性生活之所以能产生快感，是因为性生活能刺激脑部神经，使之在性高潮和性兴奋时释放出一种内啡肽，这种物质和吗啡一样能够使人产生兴奋感,从而抑制疼痛。因而,性生活可以减轻外伤引起的疼痛和关节痛,腰痛和头痛。

4. 美容养颜。人常说,受爱情滋润的女人格外容光焕发,这是有科学依据的。苏格兰皇家爱丁堡医院对欧洲、美国的3500人(年龄在18~102岁)进行了10年追踪研究,发现人的外观25%来自遗传、75%来自行为,而行为包括3个因素:身体运动、心理活动、性爱。可以说有规律的性爱能使人容貌更美,这是因为适度的性爱会加速血液循环,均衡新陈代谢,让皮肤更光洁细嫩。

5. 抑制细菌,防止妇科疾病。实验证明,精液中有一种抗菌物质——精液胞浆素,它能杀灭葡萄球菌、链球菌、肺炎球菌等致病菌。所以,避孕措施还是选取非外用的比较好,是药三分毒,有什么比这更健康的杀菌方式吗?当然,精液肯定不能当成药物使用,但是对于日常的免疫是一种很好的保健品。

6. 可以充当安眠药。性爱过程中,不仅我们的肌肉会紧张,精神也会达到高度兴奋和刺激,所以疲倦的性爱活动之后,人们都期待着一场酣然大睡,以解除身体和精神的双重紧张。当然,充足的睡眠也可以解除性爱造成的疲劳。可以说,睡眠和性爱是双赢的活动。

7. 延长寿命。在俄罗斯车臣、外高加索地区,有很多长寿的人。一位90岁的男子与37岁的女子结婚,生下5个小孩,其中最小的孩子是父亲96岁时才出生的。有研究显示,这个地区人们的长寿秘诀与他们经常的性生活有关。

当然,过于频繁的性爱对于健康是没有好处的。性生活过于频繁不但会使身体过度疲劳,对于男性来说,也会使精液消耗过多,导致体内缺锌,会降低免疫力,减弱抗病能力,使细菌病毒有机可乘,最终导致某些疾病的发生。

那么什么叫做适度的性爱呢?这要根据夫妻两个人的身体状况和年龄

来判断。一般来说，每周二到三次的性生活应该是比较恰当的，年轻人可以略微增加，年龄大一点可以适当减少。保持一定的规律性是比较好的，另外，在出远门之前和归来之后要有一段时间的调整，尽量不要进行性生活。在其他诸如患病、精神疲惫或者酗酒过度的情况下，实在不应该再让性爱增加身体的负累。

健康和性是互相影响、互相有助益的。健康的身体才能带来愉悦的、激情的性爱，而规律适当的性爱对健康更是有莫大的好处。婚姻中的男女要充分享受性爱的乐趣，更要顾及伴侣的健康，学会体贴伴侣。

克服性冷淡，让生活重燃“性趣”

性冷淡是指性欲缺乏，通俗地讲即对性生活无兴趣，也有说是性欲减退。也许在性生活的过程中缺乏性快感，也许并不缺乏快感，只是对性行为冷漠。出现这种现象的原因很多，而且无论男女都可能出现这种状况。

女人出现这种状况的原因可能是家务劳累分散了注意力，或者因为哺乳，感情转移到孩子身上，使性兴趣减弱。另外，随着年龄的增长，雌激素水平下降或生产过后性肌肉衰退等，也会引起性冷淡；男性出现性冷淡的原因则可能因为情绪低落，长期的悲观抑郁，雄激素下降，一些疾病导致的性生活不适或不良嗜好造成的性欲减退。总之，已婚夫妇随着年龄增长，男女双方都可能出现性欲要求较从前逐渐有所下降，这是生理发展的必然趋势，一般不认为是病态。只有那些长期缺乏性欲或者在某段特殊时间内因某些原因而产生的性欲下降才称之为性冷淡。

夫妻中的任何一方出现性冷淡都要仔细地寻找原因，对症下药，否则长期下去肯定要引起另一方的不满，导致家庭矛盾增加，甚至引起家庭的破裂。

★对于因为心理因素产生的性冷淡，要克服心理的干扰，比如女性曾经因为遭遇性暴力，男性因手淫引起的犯罪感等。要通过双方的沟通，通过伴侣细致入微的关心和体贴让他们忘掉过去的历史，重新建立起对性爱的信心和兴趣，唤起他们的正常健康的性欲，过上正常的性生活。这种原因是性冷淡最普遍的原因，也是最难治愈的，要求夫妻双方积极配合，伴侣要长期耐心地开导对方，积极引导他认识和体验健康的性爱。爱和体贴是治愈这类性冷淡唯一的良药。

★对于因为生活或工作忙碌、疲倦或精力分散引起的性冷淡，要多帮助伴侣分担一些事，比如帮助她多做家务，让她从繁重的家务劳动中解脱出来；帮她照看孩子，让她把对孩子的兴趣转化为对夫妻之间和谐相处的兴趣，这样逐渐就能引导出她的"性趣"。对于男人来说，就要积极地锻炼身体，以应付日常繁重的工作，如果实在感觉精神或体力不支，那么换一份简单的工作也是很好的，毕竟家庭和谐比收入更为重要。

★疾病、药物或不良嗜好因素引起的性冷淡。对于疾病因素引起的性冷淡，要及时地积极地寻求治疗，在性生活中有哪些不适，应该积极求助于医疗手段，排除疾病因素外再去寻找其他因素，千万不能因为怕羞或者是自尊而讳疾忌医。对于因为药物因素而引起的性冷淡，要改换其他不影响性欲的药物或者等待疾病治愈，自然会恢复性生活。在这期间，伴侣要表现出足够的体贴和关爱，要体谅对方。不良嗜好比如长期酗酒引起的性欲下降，本人和伴侣都要积极寻找戒除不良嗜好的方法，尽量不要因为这方面的原因影响生活和健康。

★因激素水平下降引起的性冷淡，如果是年龄渐大引起的，大可以顺其自然；如果是其他原因引起的，则要弄清原因，寻求达到应有的水平。女子交替使用雄激素和雌激素可以恢复性欲；男性则可以寻求一些中药或西药强身健体，激发性欲。

女子可能还会因为一些其他的小事而引起性冷淡。比如：

★因为害怕意外怀孕、刮宫或者妇科疾病带来的痛苦而避免性接触。如果是这个原因，男人不能简单粗暴地斥责女人，要体贴地询问，然后做好避孕措施，做好性生活前的清洁工作等，这些都可以重新唤起女性对性的热情。

★生产过后因为性肌衰退或松弛引起性冷淡。对此，要坚持锻炼性肌，这不仅可以控制产后的应力性尿失禁，还可以提高性兴奋能力，从而恢复高潮反应，恢复"性趣"。锻炼方法：集中精力收缩尿道、直肠和阴道括约肌。

★夫妻关系紧张或恶劣，妻子将拒绝性交作为一种报复或诱逼手段。这是一种很愚蠢的报复手段，因此会导致婚变、外遇及丈夫阳痿早泄等，其最终受害的将是妻子本人。针对这种情况，一方面丈夫要尽量协调与妻子的关系，另一方面妻子也要认识到这类行为可能给你自己和家庭带来的危害，杜绝这种行为。

除此之外，药物治疗和按摩治疗也是比较好的唤起性欲和治疗性冷淡的好方法。总之，伴侣出现性冷淡以后，不能简单粗暴地对待，要细心温柔地对待对方，第一时间找医生进行指导和治疗。虽然性冷淡严格讲不是病态，但是必须在医生的指导下才能更好地治愈，千万不要胡乱用药，同时还要从精神和肉体上双方面治疗，才可能收获奇效。

下篇

婚姻经营的关键是智慧

经营婚姻需要智慧，需要一颗平常心。婚姻的幸福不仅在于人们怎样去经营，同时也在于怎样去感受。婚姻之中避免不了不和谐的音调，这些不和谐能够考验彼此的忠诚，考验你们对生活的热情以及处理婚姻意外的智慧。

面对现代婚姻生活中司空见惯的外遇，我们既不能草木皆兵，也不能放松警惕。既要做好提前预防，也要在应对之间尽显自己足够的智慧和宽容。女人的巧妙应对和对婚姻的细心守护将为你们的婚姻带来转机，使你们之间的感情得到升华，只有这样属于一个小女人的幸福才能翩然而至。

想要婚姻开出美丽的花朵，需要智慧和心血的浇灌。女人要用自己的一颗七窍玲珑心，用自己的聪明才智来应对婚姻中出现的不和谐。在漫长的婚姻生涯中，那些不和谐的音符毕竟只占了一小部分。每个女人都有化腐朽为神奇的本领，每个女人都是一个聪慧的天使，用你们的爱心和智慧经营自己的幸福吧！

第12章

冷对婚外情，守护自己的婚姻

※早些发现危险信号，不让婚姻起变故

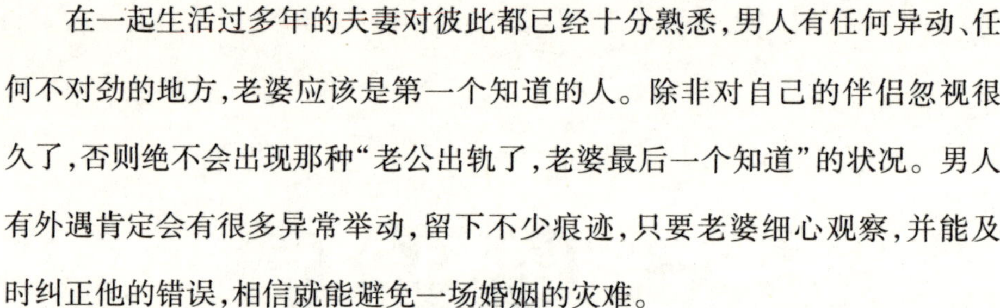

在一起生活过多年的夫妻对彼此都已经十分熟悉，男人有任何异动、任何不对劲的地方，老婆应该是第一个知道的人。除非对自己的伴侣忽视很久了，否则绝不会出现那种“老公出轨了，老婆最后一个知道”的状况。男人有外遇肯定会有很多异常举动，留下不少痕迹，只要老婆细心观察，并能及时纠正他的错误，相信就能避免一场婚姻的灾难。

婚姻就是一部机器，你要不断地进行检查维修，它才能正常运转。对于疾病来说，预防胜于治疗，婚姻也一样，时不时地对自己的婚姻检视一番，对自己的伴侣检视一番，对于生活中老公的“异常”，一定要引起高度的重视，看到它背后的真相，及时纠正爱的航向，才能保证婚姻的质量，保持婚姻的稳定。

生活中老公的一些“异常”常常是危险的信号，甚至会导致婚姻变故。

★做事慌张，眼神游移。一个人出现异常，通常从眼神就能看出来。如果他看你的眼神不再专注热情，对于你的深情注视也躲躲闪闪不予回应，这说明很可能出了问题。同样，他常常无故发呆，做事颠三倒四、常常遗忘，说话也吞吞吐吐，对于你们之间的沟通也常常敷衍了事，不再提出中肯的意见，而是持模棱两可的态度，这就比较危险了，要引起足够的重视。

★忽然变得注重隐私，神秘兮兮。以前他常大大咧咧地把私人物品放在客厅里，或者随便放在什么地方，即使你当着他的面翻东西，他也不会动怒。最近他却一反常态，把公文包和手机放在书房，并且告诉你，公文包里有特别重要的文件，不要乱翻。你翻看他的手机短信，尽管什么也没发现，但他还是表现得不太高兴，或者直接要求你给他一点私人空间。他最近经常偷偷地打电话或发短信，甚至他的聊天记录都是上了密码的。他的手机短信都无比正常，甚至连广告短信以及和那些哥们之间常见的黄色笑话也没有了。这证明他经常删短信，为什么删，你可以自由想象。

★突然开始加班，经常早出晚归。平时就是工作狂的男人固然无可猜疑，可是如果一个人突然变成了工作狂，常常深夜才回家，一回家就借口太累了，直接进卫生间洗澡，然后睡觉你就要提高警惕了。

★莫名其妙的行为。比如他最近常常要求你去他的公司转一转，或者要求开车载你去上班，甚至告诉你不想出差，让你帮他向单位打电话请假。这时候，不要说他莫名其妙，更不要骂他不思进取，只知道偷懒。一向对于事业非常注重的男人忽然对你儿女情长起来，甚至不想出差，那很可能是想借你来逃避异性的追求，而这位异性多半是他的上司。为了既不影响工作，又能拒绝诱惑，男人拿严厉的老婆当挡箭牌是最好的借口。你不知就里地委屈他冤枉他，很可能打击他这份忠贞。

★忽冷忽热，神经质地对待你。他常常对你很不耐烦，没事找事地批评你的衣着、发型和首饰，指责你没有一个优雅女人应有的高贵品味和审美标准；常常无故对你大发雷霆，让你感觉非常委屈，你一句无伤大雅的玩笑话和司空见惯的亲密玩笑也会让他勃然大怒；你还没有从震惊、疑惑中解脱出来，他又会温柔万分地向你道歉，对你大献殷勤，让你心中纳闷。如果你的老公常常对你阴晴不定、喜怒无常，排除他更年期的可能，那大概就是有其他情况。

总之，老公平时的习惯和性格如果不是在各种内外因的刺激下是不可能轻易发生变化的。一旦发生了异常变化，就应该审视一下他还有没有其他危险警报。总之要小心求证，理智处理，才能把婚姻修复得更稳定。

※平稳度过"特殊时期"，让爱情转危为安

虽然说男人大多数都花心，可是风流成性的男人毕竟是少数，付诸行动的更是一小部分。一般情况下，一个家庭稳定的成熟男人是不会轻易冒险的，但是在外部和内部条件许可的情况下，出轨事件发生的概率将大为提高。

在婚姻生活的危险期，太太们更要时刻警惕，不要掉以轻心，一方面温柔地对待伴侣，一方面暗示他绝不妥协，绝不容忍外遇即便是艳遇。一旦过了这些特殊时期，男人们就会连出轨的勇气和想法也没有了。那么，哪些时期属于婚姻的危险期呢？

★七年之痒。在婚姻的第七年，男人通常已经完成了从丈夫到父亲的角色转换，你开始结束家庭主妇的生活，继续征战职场，孩子开始上幼儿园，家庭经济也比较稳定、比较优渥了。"饱暖思淫欲"，男人们开始幻想和策划艳遇。面对这一状况，女人们一定要沉住气，想点小招数。每天把自己打扮得光彩照人去上班，把家务托付给钟点工，偶尔制造点被人追求的假象，当然千万不要假戏真做，让他紧张你，盯劳你，自然没有精力去制造艳遇了。当然，如果这个时期正好是丈夫事业的紧要阶段，你千万不可轻举妄动，因为男人总是以事业为重的。

★男人失意的时候。男人在失意的时候，最需要的是从女人那儿得到肯定、认可和尊重，依靠女人的温情来放松自己，进而重建自信。如果这时候你对他的不堪一击予以嘲讽，或者只顾自己的事业而忽视了男人的脆弱，没有及时地安慰他，他就需要从别处得到精神上的抚慰。如果有别的女人，

甚至是一个他平时不屑于亲近的女人主动听他倾诉，你就已经很危险了；假如是一个平时一直心仪于他的女人劝慰她，那你就真是欲哭无泪了。

男人脆弱的时候就像个孩子，假如有温柔的妻子及时地扶助和抚慰，他就会感觉自己充满了力量。因此很多夫妻感情的升华，常常是在男人最脆弱的时候完成的，女人一定要抓住这种机会，使你们的感情更深厚，更融洽，使你们的婚姻更稳定。

★暴富之后。如果一个男人平时的生活比较贫困艰辛，那么暴富之后，他们可能会不断地为自己制造艳遇。这种人往往并非花花公子，但骤来的金钱使他的男性本能霎时膨胀，变得一时适应不过来。他们早年的生活很可能比一般人来得灰暗，因此情场上也比较失意。他们利用自己的金钱不断制造艳遇，只是出于一种弥补心理，他甚至会主动招惹那些早年因为他的经济条件而拒绝过他的女人。

在你们的家庭突然暴富之后，女人应该更加密切地注意你的老公，一方面积极地把他的注意力吸引到更加有趣的地方，一方面引导他将财富投向有价值的地方，既可以让你们的家庭更稳定，又可以让他在事业上更成功。

总之，在这些婚姻的危险期，女人一定要提高警惕，更要想出一招制胜的应对之策，让你们的婚姻顺利渡过危险期，转危为安。

✻看清男人"出轨"的强盗理论

男人喜欢搞婚外情，而且他们总是为自己的婚外恋找到很充分的理由来辩解。女人们如果相信了这种辩解，便觉得男人的出轨似乎是一种必然，有着不得已的苦衷，就会宽容地对待那些曾经出轨的男人们，有了这种宽容，男人们就更加肆无忌惮，甚至找到了理论依据。

可是细看这些理由和依据，却都是站不住脚的，属于那种强词夺理的强盗理论。男人花心要出轨，总能找到理由和依据，对于这样的花心男人，不要心软，把他的理论外衣揭开，看清男人“出轨”的强盗理论，才能避免自己上当受骗。

男人的婚外情都有着哪些强盗理论？要怎样剥开他们虚伪的外衣，认清其花心的真相，并给以足够的惩罚呢？

★以婚外恋来补偿自己不满意的婚姻。这里有一个精美的童话故事：两只不同性别的已婚蜗牛掉进了一只看似精美的瓶子。女蜗牛有满肚子的委屈和怨气，于是哭倒在男蜗牛的怀里。男蜗牛这段日子心里同样不好受，于是也把郁闷统统倒了出来。因为同病相怜，他们紧紧地拥住了对方。他们的相爱，与某个无形的瓶子有关。

强盗理论：如果婚外恋是个精美的瓶子，那也是一个最易碎的瓶子，同病相怜的感觉并不是婚姻的基础，也不是真感情，只是各取所需的一种扭曲的感情。一旦瓶子打碎了，很可能两只蜗牛连一声再见都不会说就各奔东西，依然回到各自的“爱人”身边去“承受痛苦”，并从此背负起背叛婚姻的罪恶感。最精美的童话瞬间变成了最丑恶的现实，这种“婚外恋”是最不道德的，因为各自没有结合的意图，没有真爱，只是在各取所需。

★家花不如野花香。当男人感觉夫妻间的生活变得千篇一律、一成不变时，就开始在无聊、寂寞中寻求新鲜刺激。

强盗理论：除非你真的是非常严肃、非常不懂情趣的一个人，否则这个说法纯粹就是借口。男人就是这样，家花再好也不如野花香。“牡丹虽艳花不香；茉莉虽香花不美；玫瑰开花香又艳，可惜有刺扎得慌”。没有一个女人是十全十美的，你也不必因此而灰心丧气，怀疑自我的魅力。

★掌声理论：男人需要崇拜和认可，尤其是来自女人的认可和鼓励，是男人本能的渴望、至高无上的荣耀和激情源泉。男人用更多异性的崇拜来建立自己的自信，增加荣耀的光环。更多异性的爱慕是男人的荣耀，是男人成功的象征。你不够理解和崇拜他，所以他选择把目光和感情转向那些欣赏他的女性。

★强盗理论：这条理论看起来非常合理，其实合理的只有前半部分，男人需要女人的认可和欣赏来证明自己的成功，但是这并不意味着你应该和每一个欣赏你的女人发生艳遇，否则婚姻有什么作用？这至少说明他们的价值观出了问题，他们把异性的认可，当成了他们追逐的对象，认为成功的目标就是"江山和美人"，而且是更多的美人。

★扇区理论：每个人的感情都可以分成若干个扇区，妻子可以占据的只能是一部分，很难达到全部，总会存在空白区。于是娶了"红玫瑰"还想着"白玫瑰"，娶了"白玫瑰"还恋着"黄玫瑰"，甚至想把所有的玫瑰都囊括到自己的怀抱中，占据自己的空白区域。就像有人所说，"我至少需要两个妻子，一个用来缝扣子，一个用来爱。"

强盗理论：表面上看也是很有道理的，但如果你向他建议："咱们不妨维持这样一种婚姻状态，我能给你的全部给你，我不能给你的你去外面找；你能给我的全部给我，你不能给我的我去外面补充，以达到我们各自人生的最大利用，体现最大的人生价值。"百分之百他会给你否定的答案。男人都是这样，自己做着觉得有理，却不允许女人效仿。婚姻必须遵守一定的道德和承诺，要知道婚姻是一份合同，你不遵守其中的某些条款，自然要受到严重的惩罚。

✻少一点猜忌，别让所谓的“推测”把爱推开

在稳定的婚姻中，女人要学会克制自己的猜疑之心，要信任你身边的伴侣，只要他的行为真的没有出现什么差错，他的表现没有什么反常，你就应该相信他。时时刻刻地提防、试探、测验，这样的猜疑总会让男人承受不住，以致你让男人感到委屈、冤枉的同时还会让其产生叛逆心理，最终会把自己的婚姻推向悬崖。

女人们要想一想，即使你每天猜疑、检查、唠叨，就能阻止他有外遇了吗？那是不可能的，相反，还可能因此让他对婚姻生活感到厌倦。想一想如果换做你，三五天就要受一番盘查，跟小姐妹出去玩几小时就要被老公盘问跟哪些人在一起、做了些什么、说了些什么，你受得了吗？你会不会对男人的猜疑感到厌倦？就算你脾气再好，也经不住整天疑神疑鬼地盘查、无止无休地盯梢和检验。

你的家庭中是否常常出现这样的状况？老公带着一身酒气，拖着疲倦的身子，半躺在沙发上，你还在不自觉地靠近他，闻闻他身上有没有香水味，看看他领子上有没有口红印。检查一番要是没有发现还好，要是不小心发现他身上哪怕有一根长头发，就会大吵大闹或者盘问一番。不过这样有效果吗？你想让男人承认些什么？就算他都承认了，你准备怎么办？

还有的女人，一旦老公进入洗澡间，就对他的公文包、手机检查一番，如果没发现什么还要若无其事地整理好。如果有一天，你这种行径被他看到了，你该如何自处，如何解释？他会选择视而不见，还是火冒三丈？

这样的心态是非常可怕的。现在的女人侦察术越来越精，对于自己的婚姻却越来越没有自信；对于男人的反常越来越清楚，对于男人的心却越来越不了解；心思越来越精明，离幸福却越来越远。这是时代的悲剧还是女人的悲剧？男人越活越没有自由，女人却越活越没有自我。谁更悲哀一点？

给你的伴侣一点信任，捕风捉影迟早会将婚姻带向悬崖，毁了你们一生的幸福。

✻试离婚给婚姻一段缓冲期

无论是什么原因，当你起了离婚的念头，当双方真的把离婚两个字说出了口，都希望你们再认真地考虑一下，再冷静地思索一番，给自己的婚姻一段缓冲期。也许正是这段缓冲的期间，你们会回想起自己过去生活的美好，想起婚姻中的爱情和恩情，想起对方对你的怜爱，也许你们的婚姻就能够因此而继续下去。

很多离婚的夫妻都会后悔，他们总是在反思，如果能够让自己再选择一次，如果自己当时冷静一点，说不定婚姻会有另一条出路，也许自己会过上更幸福的生活，可是，世界上没有后悔药。离婚的夫妻就算再复婚，可是自己的心底已经多了一道伤痕，已经生分了好长一段时间，彼此的感情要再次热络起来，需要多少时间和精力去修复啊！

所以，在走到决裂之前，不妨给自己一点点冷静下来的时间。一个故事里说，有一对夫妻觉得自己目前的生活过得没意思极了，他们已经找不到当初的幸福感。于是，他们决定把所有的事情都放下，共同出外旅游一次来个好聚好散。可是当走在大山上悬崖的旁边，女人发现，男人一定是走在靠近悬崖的一边，以免她不小心滑下去；而女人更是担心地紧紧握住男人的手，担心他一不小心会失足。对于男人来说，那就好像是一种自觉，守护这个女人已经变成了他生命中的一部分，融进了他的血液，而他自己并不知道；对于女人来说，担心这个男人也变成了一种身体的本能，也许她并没有意识到。可是当危险来临，双方的内心都起了一种异样的感觉。

于是女人记起了他们之间的事情，哽咽地说道："你还记得吗？那时候我刚离开家乡，特别馋，非常想吃家乡的镜面糕，跟你唠叨了好几回。于是你在自己出差的时候，半路下了火车，买了好多镜面糕回来，我眼泪当时就掉下来了。"

男人也讲起了过去的事情，他们又回忆起所有生活中的美好，甚至婚姻中的烦恼也变成了一种很温馨的东西。回来以后，他们开始共同努力改变目前的婚姻状况。

想必好多人都有这样的经历，当你们真正地沉静下来了才会发现，原来自己的生活当中、自己的婚姻当中还有这么多值得回忆的美好的事情。眼前的冲突会把你们的眼睛蒙蔽，会让你们觉得自己的伴侣一无是处，而远处的美好却提醒着你们，要理智地对待婚姻中出现的问题。婚姻中出了问题，并不是换个对象这些问题就不存在了，或者不用改变了，要知道换一个对象，你需要改变的东西更多。只有学会让自己换一种方式来对待婚姻，换一个角度来思索婚姻中存在的问题，才会在根本上得到改善。

试离婚，就是让双方的心都沉静下来，认真思考：我的婚姻真的走到无可挽回的那一步了吗？离开他我能生存得更好吗？我能找到更适合自己的伴侣吗？我目前跟他是在凑合着过日子吗？恢复单身后我会比较快乐吗？

试离婚不过是要夫妻分居一段时间，这段时间内必须财务独立、互不干扰对方的生活。在这段时间内感受一下缺少对方的生活是怎样的，你是否会快乐。女人也许会陷入情感空虚之中，男人也许会陷入生活混乱当中，于是就会不约而同地想到对方的好处。发现了这一点，你们会自然而然地想要维护自己的婚姻，也给两人的关系留下了一线生机。

给婚姻留一点点退路，给自己的情感一点点冷静的空隙，给自己一点时间从现实中发掘希望，我们才能想清楚未来的路应该怎么走。所以，所有遭受离婚困扰的人，不妨尝试一下试离婚，借这个缓冲期挽救自己的婚姻。

第13章

静心应对，谨防冲动这只魔鬼

✻做好防护，别让爱情感染病毒

诱惑越来越多，我们的婚姻显得那么岌岌可危，上一刻可能还沉浸在你侬我侬的甜蜜之中，下一刻你可能就会发现原来这些话他已经对别人说过。用王家卫的话说，“我距离她最近的时候只有0.01公分，三小时后她爱上了另外一个男人。”

这就像我们的电脑，一旦被病毒入侵，就会慢慢出现很多毛病，然后系统会出现大崩溃。你有两种选择，一个是重装系统，一个是杀毒。两种措施各有利弊：杀毒很可能清除不干净，日后你会发现这些病毒又卷土重来了；而重装系统也有弊端，如果选择了和你的计算机配置不适当的系统，会让你的机子启动不了，而是你会发现原来存下的一些东西不见了，好多东西你需要重建、重新下载，耗时费力不说，稳定性也不如原系统，而且谁又能保证重装的系统不会再感染病毒呢？

其实想要电脑不感染病毒很简单，只要装上一道防火墙，就会把外部来的病毒一一拒之门外。当然它的好处还很多，它能够把攻击你电脑的病毒类型、将引起什么样的后果、所在位置报告得清楚详尽，如果你愿意，并且有足够的技术支撑的话，你甚至能够反戈一击。

在婚姻中，我们不敢有这样的奢求，但愿人不犯我我不犯人，可是一旦被侵犯得狠了，就必须站出来斩妖除魔，毕竟就算再稳固的程序也经不住别人的一再攻击。出了问题，应该首先检查我们的婚姻模式是不是出了问题，如果没有，谁能保证不会在一时糊涂下犯下错误？怎样为我们的婚姻装上爱情防火墙,以抵御时时处处存在的病毒呢?

★搭建起共同的生活模式。婚姻中如果彼此沟通充分,交流顺畅,夫妻之间能够相互宽容和体谅,在金钱处置、事务处理方面都有一致的看法,甚至对方欣赏你处理家庭事务的方法,如果出了矛盾,你们也会以最快的速度、最有效的方式达成一致,那么为了维护这个婚姻模式,他是不会轻易接受诱惑的。要知道两个人建立一个共同的生活模式,是需要花费很多心血的。这就像软件稳定的电脑更不容易被病毒侵害一样,因为模式稳定、配置合理,没有人愿意再花时间经营另一个模式。

★不断补充漏洞。常常使用电脑的人会不时地进行安全检测,看看自己的电脑中存在哪些系统漏洞,然后通过到网上下载新的补丁补好它。婚姻也一样,你要不断地检视自己的婚姻是否出了问题、出了漏洞,并做到及时解决、及时补救。有漏洞的程序更容易成为病毒的攻击对象,而没有漏洞,维护则轻松了很多。

★不断对自己的软件进行升级,不断更新换代,用最新的版本代替老版本。婚姻不是一年两年,三年五年,而是几十年的事,彼此相对几十年难免产生审美疲劳。婚姻也会产生磨损,如果你的婚姻不进行定期维护,它也会出现问题,也许是哪颗螺丝松了,也许是哪个齿轮坏了,你不去管它,最终就难免崩溃。爱情犹如学问,也要活到老学到老。不断提升自己爱的功力,不断地让自己更懂得爱、更会爱,拥有更多表达爱和享受爱的新方式,你们的婚姻会更加牢固。不断定期维护,不断升级版本,绝对是值得的一项婚姻投资,所花也许不菲,但绝对比重装系统来得划算。

★敲山震虎,让爱情更稳固。敲山镇虎绝对不是时时刻刻警告他不要出轨,而是要旁敲侧击,不动声色。不时地说"我们的生活过得多幸福啊"进行心理暗示，不久他就会觉得自己真的生活在幸福之中了，自然没理由犯错；在看肥皂剧的时候，漫不经心地告诉他"婚外情有什么好处，弄得家破人亡"或者说一句"我可没女主角的好肚量，我肯定会把男主角三振出局"或者表扬一句"还是我家的男人可靠，不过看他们这么多花花肠子，你也要提高警惕啊"都会引起他的警觉，让他衡量到底值不值得冒险。

爱情总是在不断诱惑和被诱惑中得到升华，想要自己的婚姻不被病毒侵犯，不因诱惑崩溃，就要学会装上"爱情防火墙"。

✻冷静下来，清醒地对待婚外情

对待丈夫的外遇，女人一定要冷静下来再处理。外遇本身其实是一件让人无法冷静的事，通常女人发现了丈夫的外遇，第一件事就是大吵大闹，或者一下子头脑发懵，清醒过来以后立刻决定离婚，虽然痛苦，但绝不妥协决不苟全。这样疯狂不理智的方式却会让你的婚姻更迅速地崩溃，让你的家庭最终不可避免地走向瓦解，这并不是女人的初衷，也是每一个女人都不想走到这一步。

平心而论，无论是男人还是女人，在人生的某个阶段，也许都会对自己的婚姻和家庭感到无望产生疑惑，这时候，如果有外面的诱惑刺激，人是很容易出轨的。有时候半夜醒来，对着自己正在打呼噜流口水的枕边人看一看，真的会感觉很陌生，会不断地产生疑惑，当年我怎么会嫁给他呢？日子繁忙的时候也许还不觉得，可是当你真正沉静下来，就会发现身边的他也许真的很陌生，你不认识他，不了解他，甚至觉得自己不适合他，可是却和他一起生活了十几年，和他一起养儿育女，你不知道这一切都是为什么。

如果你是个敏感的人，这种状况可能出现得比较频繁，有时候你甚至会对“我是谁”“我的生命有什么意义”这类问题产生疑惑。当然这种状况有时候也会在你受到极度诱惑的时候产生。一个曾经迷失自己的男人这么说的：“当时我觉得特别迷惑，那种环境，那种境况就让我觉得我和她前生一定认识，我一定是在梦里。可一切结束以后，我突然惊醒过来，我完蛋了，因为我是个有老婆的男人，看看身边的她居然那么陌生和丑陋。”当然有时候，他还是会陷入这样的幻境，但是他已经学会控制自己了。他会在那个时候告诉自己，你不是未婚的王子，眼前这个女人不是来救赎你的，你是一个女人的老公，你是一个孩子的父亲，现实中的责任感会把自己的幻觉赶走。

可是大多时候，我们没有那么幸运，外遇的人们为什么会越陷越深？因为他们没有勇气打破美妙的幻想，虽然大多数人都知道婚外情不可能长久，可仍然期盼着能够跟情人在一起的时间长一点，最好不要被自己的伴侣发现。有的女人可能觉得这是开脱之词，但是有过外遇经验的女人就会认同这一说法。如果有个婚外的男人时不时地向你献殷勤，对你关怀备至、温柔浪漫，难道你就没有享受这一切的欲望吗？之所以没有发生，是因为没有那样一个人或者没有那么合适的一种环境氛围，或者你总是被责任所囿。只要有合适的人选、合适的时机，大多数人都免不了外遇的渴望，这是一种人之常情、世之常理，关键时刻理智尚存的人就是圣人，或者是挚爱着伴侣的人。

因此看待外遇，完全没有必要弄得鱼死网破、你死我活，给感情留一点空隙，给婚姻留一点余地，对婚姻中的两个人都有好处。

当你意识到他有了外遇，第一反应肯定是愤怒、悲伤，这时候，不要气势

汹汹地去算账，而是要冷静下来，哪怕是几分钟。然后按照顺序思考下面几个问题：

★什么时候开始的？我为什么现在才发现，我是不是忽略他很久了？这个问题有助于你认识到自己的错误，如果他的婚外情真的是过了很长时间，甚至已经是满城风雨了，你刚刚知道，那你真的是不能埋怨对方，在婚姻中一方还热着可是一方已经冷了，这样的事情常常出现，如果他的热情没有发泄的渠道，你不能要求他埋在心里。试着去体贴他，不要提起往事，也许能够挽回他的心。

★检视你们的婚姻是不是出了问题，彼此之间是不是已经不相爱了。感情是有期限的，如果在这个期限内，你们没有建立合适的婚姻模式、妥协模式，或者你们之间的性格不合适，不如选择放手，也许会很悲伤，也许还涉及孩子的问题，但是只有结束了一个错误，你们的幸福才能到来。

★我想和他离婚吗？如果答案是否定的，那么就不要吵闹到尽人皆知，不要让你们的婚姻无法收场。男人是很要面子的，如果女人撕破了脸，结果往往是把自己的男人逼上梁山，婚姻也就没有了退路。用自己的智慧和耐心挽回他的心吧，如果他的心已经不在这里了，毫不犹豫地放手也许是最好的选择。

面对爱人的背叛，没有人愿意容忍，可是能够忍常人所不能忍，你们的婚姻才会顺利地走下去。

消除报复心理，避免更大的悲剧

婚姻中发现伴侣背叛了自己，很多女人都会觉得非常愤怒、悲伤，如果自己的身边恰好有那么一个温柔体贴多情的男人，女人很容易走到“以牙还牙”的道路上去。发生这种状况大概有下面几种心态：

★对伴侣的报复心理。你背叛我，就不要怪我给你戴绿帽子，是你把我推到别的男人那里去的，你不仁别怪我不义。其实这种心态非常幼稚，男人对自己永远是大度的，认为自己外遇不过是犯了“所有男人都会犯的错误”，可是对于女人却要求严苛，希望她们永远对自己忠贞，这一点劣根性是所有男人的共性。所以，一旦女人走到了外遇这一步，常常婚姻就真的无法收场了。

★对所有男人或者幸福家庭的报复心理。觉得自己的老公出轨了，自己非常痛苦，别人也没有资格幸福，这种心理虽然丑恶，却是客观存在的。这样的女人常常因为老公的背叛失去了理智，看到别人痛苦对于她来说有一种心理安慰和心理平衡，可是不久也许她们就会悔恨自己的行为。建议这类女人不妨去看看心理医生，让医生帮你调节心情。报复男人也就是报复自己，最终你不会得到快感，只会得到心灵的负疚感。

★向男人寻求安慰。遭到男人的背叛，心情的悲伤可想而知，这类女人不是主动意识上的以牙还牙，不过是被动地想从别人那里得到一点安慰。在女人软弱的时候，那些邪恶的人更容易乘虚而入。即使不是邪恶的人，一个男人看到女人对他倾诉痛苦，也会想入非非。尽管这外遇不是你愿意的，尽管你也有悔愧，但是你能解释清楚吗？你能够毅然决然地斩断目前的一切吗？软弱的女人常常瞻前顾后，没有足够的勇气面对所有事，所以会更加“斩不断理还乱”，最终不但保不住家庭婚姻，还落得一个坏女人的名义。面对自己婚姻中的问题，还是要自己面对或者咨询专家，理智和决心是最有利的武器。

★为求公平。有的女人在遭遇丈夫背叛的情况下，会为自己也找一个情人，并且公开地和他出双入对，她们这样做的心态是：你能搞婚外恋，我也能！以此来显示她有能力在一切问题上与她丈夫“平起平坐”。问题是，这样的公平有意义吗？无论这桩婚姻值不值得维护，最终会有什么后果，可能都会对你的心灵造成重大的创伤。

★感觉到你的婚姻已经无望，最终只能以离婚收场了。那么，找一个未婚或者离异的男人进行一场婚外恋，为自己的下一场婚姻找一个后备，是非常必要的。既然你的婚姻已经到了穷途末路，为什么不为新的幸福做准备？最怕的是当你们的感情成熟，你却当断不断，不能够果断地结束这场婚姻。

✻理智面对，为爱留出退路

当你的婚姻触礁，当你对你的伴侣忍无可忍、准备离婚的时候，希望你冷静下来想一想，谨慎地对待离婚的冲动，给婚姻留一条后路。准备离婚的人在心理上往往是偏见占了上风，在感情上过于偏激。因此，很容易只看到准备离弃的伴侣的缺点，而忽视了他的可留恋之处。等到一旦做出了决定，后悔也来不及了。

其实一旦发现伴侣的背叛，任何人都容易失去理性、言行过激，但是如果你不想最后以离婚收场，建议你还是要理智地对待伴侣的外遇，给你们的婚姻留一点修补的可能，给自己婚姻未来的幸福留一条后路。不要犯那些无可挽回的错误，不要把你们的婚姻逼到绝路上去，这对于你没有任何好处。

★公开他的不忠，至少是小范围的公开。被背叛的一方一旦意识到自己的伴侣有了外遇，在痛心屈辱之余，就迫不及待地把伴侣的不忠之事说给朋友们、家人听。这样会产生两个后果：朋友们认为夫妻之间的事不好管，无动于衷，那你们之间的感情就会受影响；朋友义愤填膺之余，为你两肋插刀，出主意想办法，最后你会发现这些方法会把你的婚姻变得更糟。婚姻是两个人的事，别人的意见不一定适合你们之间的状况。问题还在于，如果你们一旦和好了，你便面临着双重障碍：既要修补你们之间的婚姻关系，又要修补你的伴侣和朋友及家人之间的关系。

★把事情告诉他的父母，要求他们"主持公道"。这样的女人不知道是太幼稚还是太傻，孩子永远是自己的好，你能指望着他的父母向着你吗？和你关系再好的公婆，也不会真正为你着想的。表面上批评他，不过是为了他好，不想你们之间闹到离婚的地步。如果你的伴侣铁了心不想跟你过，他们只会第一时间拿起扫把。再者，被父母长辈批评自己的婚姻生活是一件多尴尬的事啊！就算他最终舍不得你和你言归于好了，这件事也会在他心里留下不满。两口子之间的事，外人是根本无法插手的。

★把他婚外情的事情闹到他的单位去。如果你不想事情闹到无法收拾，那还是在家中解决为妥。当你怒气冲冲盛气凌人地冲进老公的单位，当着那么多同事和上司的面，给他一个耳光的时候，你的婚姻就彻底被这一巴掌打碎了。再烈性的女人也必须要学会在别人面前给老公留足面子。在家中，你尽管踢他、打他、咬他以泄愤，甚至罚他跪一夜搓衣板也无所谓。可是在人前，你要学着给他留点尊严，毕竟如果他因为外遇而被同事嘲笑，在单位待不下去的话，肯定会迁怒于你，他绝不会想到自己的错误。如果你没有打算离婚，就不要闹到他单位去。

★与丈夫外面的女人吵吵闹闹。不要自贬身份，老婆就是老婆，情妇就是情妇，再美艳的情妇也是见不得光和不道德的。与其自贬身份与她们去吵吵闹闹，不如耐着性子等到她沉不住气、向你摊牌的那一天，到时候好好地一顿羞辱在等着她，没有一个人会说你一句不好，包括你的伴侣。只要老公没有明显的离婚意图，第三者是不会得逞的。无论你是否决定离婚，躲在男人身后的女人本身就有劣势，不要让她把这种劣势变成优势，让你的伴侣对她产生怜悯，这对你没有任何好处。先把自己的男人拉回来，到时再决定是否离婚，这是一个女人的魅力和手段。不要轻视这种手腕，一个留不住自己男人的女人是悲哀的。

总之，冷静处理婚姻出现的意外状况，千万不要让一时的情绪连累了你的婚姻，打击了你作为一个女人的自信，这两点最重要，而后者更重要。

恩威并施，挽救濒危的婚姻

如果你是男士，你的家中正有一位和你的社会地位和经济能力不相上下的女人，建议你还是不要搞外遇，要知道这样做你有一半的可能是恢复单身。如果你是女士，你家中有一个社会地位不错的老公，建议你也不要搞外遇，因为你有70%的可能是家庭破裂。女人更容易为了孩子妥协容忍，男人更容易为了面子妥协容忍，但不代表一定会，尤其是那些80后一族，因为年轻任性或者是独生子女的关系，更不容易处理好婚姻中的相处、出轨问题。

对于那些被背叛的一方，如果你的婚姻还没有达到不可救药的地步，你们之间还有感情，你希望维护你们的婚姻，那么一定的宽容是必要的，一定的惩罚机制也是必要的。背叛后没有惩罚，背叛就会变得更容易。当意识到对方已经背叛了你，不要怒不可遏地去找他算账，要学会慢慢地惩罚男人，要学会让他在惶恐中度过他的外遇生涯，让他在你的锐利目光中无所遁行，但不要给他一个痛快，直到他主动向你承认错误。

★表现你的痛苦。共同生活了十几年，不可能没有感情，让他感受到你在这场婚姻中所受到的痛苦就是对他的折磨，就是对他的惩罚，他会因为这种惩罚选择快刀斩乱麻的。一个人最受不了的就是事情没有结果、没有决定时所受的煎熬。你要表现足够的耐性，让他们比你先耐不住，先禁不住煎熬，就是对他们共同的惩罚。没有一个女人会忍受长时间做一个人的情妇，尤其是在没多少利益、只凭感情的前提下。她会先熬不住，率先摊牌，那时你既漂漂亮亮地赢了家庭和婚姻，又惩罚了两个人，还不影响感情，绝对是三个人中最划算的一方。当然，你肯定也受尽折磨，这一点是毋庸置疑的，但日后你会得到千百倍的补偿。

★告诉他，你知道了他们之间的事情，非常痛苦，但是不能在痛苦中决定任何事情，所以你要出去旅游一趟，或者回来就会原谅他，或者会选择离开他。然后收拾行李去整理自己的心情，让他在忐忑不安中度过这段时间吧，就算他下跪拦截你也要不为所动。不要发怒更不要发疯，越冷静就会让他越惶恐、越害怕，等他担够了心再回来宣布你的决定，相信这一次的教训够他享受一辈子，只要他还想要你们的婚姻。当然时间不要太长，一个月就够了，否则给了别的女人可乘之机，可是非常不妙的。

★一意识到他的背叛，马上搜集证据，要求离婚，无论谁劝你都不为所动，眼泪汪汪地谴责他。眼泪绝对是女人最有力的武器，直到对方觉得无招可使，这期间一直让你的家庭处在乌烟瘴气当中，处在冷冰冰的环境之下，让他感受一下，如果你不配合，你们之间的婚姻，你们两个的家是个什么样子，他才会更加珍惜复合以后的感情，才不会再有非分之想。

★询问他关于外遇的细节。这正是一种痛苦的折磨，对你也是，同时也是一种剜肉补疮般的救治婚姻的办法。一块肌肤如果腐烂掉了，不把它挖掉，就会慢慢影响到周围的肌肤，任其发展下去就会体无完肤。挖肉是痛苦的，可是只有挖掉腐烂的肉，才能长出新的肌肤组织，这一点谁都知道，可是谁又能真正有勇气做到呢？帮他做到，折磨他并救治他，既是对他的惩罚，也是对你们婚姻的挽救。不过，要有时间限制，在弄清事实之后，就不要再不断提醒了。有的女人没有足够的勇气面对这一切，就当做没有发生，用接下来的幸福盖过去，结果男人只会更加肆无忌惮地出轨。

在遭到背叛之后粉饰太平，对你们两个都是不利的，只有好好地惩罚他之后，你才能消除怒气，才能不感觉到委屈地过下去；而只有遭到惩罚，他才不会把愧疚埋在心里，影响你们之后的生活。一时冲动必将带来痛苦的惩罚，这一点婚姻中的双方都要认识清楚，做事要考虑后果，不要感情用事。

补救婚姻，宽容与惩罚并用

对于男人的外遇是否要宽容，答案一多半是“要”，如果你的婚姻还没遭遇过背叛，那你就没有资格说“不”。很多眼睛里面容不下沙子的女人，以为自己一定不能容忍男人的外遇，但是如果事情真的发生在自己身上了，思前想后，她们肯定还是决定忍气吞声，尽力挽救自己的婚姻，尽自己的努力原谅伴侣、维护家庭。但是，难道我们就要无原则地宽容吗？当然不是，轻易地宽容，带来的将是更轻易的背叛。

原谅不是没有原则的，如果他真是因为一时糊涂，或者被人拉下水，那么不妨原谅他一次，宽容他一回。当然宽容也是讲究策略的，必须先对他的外遇略施小惩，情节严重者需要严惩，在他有明确的道歉认错态度之后，才能够原谅他，然后警告他不要有下次，否则不会这么简单。相信有了这次的教训之后，此后他会视婚外情为洪水猛兽。

除了教训之外，你还需要用自己的温柔和宽容大度挽回他的心。既然决定原谅了，索性做得漂亮一些、大度一些，不要在原谅他之后，再时不时地因为外遇的事念叨他一番，也不要因此和他争夺家庭一把手的地位，更不要时时摆出一副受害者的样子，冷淡地对待他。男人在外遇之后，一般会反思自己，战战兢兢地观察你的反应和态度，更加体贴地对待你。女人则会因为余怒未平，不时地拿男人来折磨一番，这一切的行为只会让你的婚姻更糟糕。

决定宽容他之后，首先要惩罚他，当他许下不会再背叛你的诺言之后，你们需要长谈一次。男人是不会轻易许下诺言的，因为男人是重诺的，所以不要逼他发誓，让他自己心甘情愿地许诺，如果他做不到，或者不愿许诺，那你轻易饶恕他，就要承担下一次背叛的风险。做一次开诚布公的长谈，这些有助于你们迅速补平婚姻的裂隙，有助于你们以后婚姻的和谐。

找一个适当的时机，和他谈一谈你们的婚姻到底出了什么问题。如果不把外遇的根源解决，即使你原谅他十次，那么还会有下一次。既然男人出现了外遇，那你们之间的婚姻肯定有问题，你要学会问出真正的原因，才能在以后的婚姻生活中防微杜渐。

★在交谈中你要弄清楚，到底什么时候他开始出轨，在什么地方，事情发展到什么样的程度;到底是一时冲动,还是有感情存在?如果他拒绝交代,你就不应该原谅他,告诉他,婚前的事,你可以不计较,但婚后的事,你有一半的责任,你必须弄清自己到底犯了什么错误,或者存在哪些失误。

★在交谈中,可以问问伴侣诸如"什么事情使你那样容易动摇"或"自省之后,你觉得你可以做什么事来加强我们的关系"等问题。推心置腹地交谈将会使你俩更亲近。坦承你这段日子以来受到的折磨,坦承你曾经有离婚的想法,但是想到你们之间的爱情,你觉得你有必要挽救这段婚姻。

★告诉他你愿意不计前嫌,但肯定不可能当做什么都没有发生过,希望他和你共同努力重新建立起对彼此的信心和爱意。这种事情不能说放下就放下,希望他给你一点时间。

这段时间他肯定急着补偿你,但是不要让他这种补偿得逞,出去旅游一段时间,避开他,让他冷静下来反思,让他慢慢地产生愧疚。要知道,在补偿了女人之后,男人内心往往就不容易产生愧疚心理了。你要给他足够的时间,让他的愧疚慢慢发酵,让他的良心慢慢受谴责,这样他回头之后,才会更加珍惜你们之间的关系。

做爱情守护天使，不做婚姻中的笨女人

❋爱情需要呵护，婚姻需要经营

每一个想要婚姻幸福的人，都要用心去经营。婚姻就是两个人的一项合约，只要有一个人不懂得守约，痛苦的就是两个人。婚姻有时候就是一桩生意，用心经营你的婚姻，你的胜算就增加了50%。再者，与生意不同的是你的合作伙伴会受你的感情影响，因此胜算又增加了20%，其他的就要看对方的诚意和意外事件的影响。生意没有大小，只有盈利与否，如果抱着赌博和侥幸的心态，你的婚姻会输得很惨。

对爱情抱有幻想的人会觉得这种说法亵渎爱情，其实，爱情只是缔结婚姻的条件之一，这并不意味着婚姻中你能够拥有更多的爱情。这就像巧克力是爱情的象征，但是你能纯粹靠巧克力活着吗？婚姻不等同于爱情，爱情只是彼此的一种感觉，婚姻就是为这种幸福感觉买单的合同。爱情是玫瑰花束，婚姻就是让这一束玫瑰花属于你的金钱，当你为这束玫瑰花付了钱的时候，你常常就感觉它没有原来美了，因为你为它付出的价值，会把你拥有这束玫瑰花的快感降低。婚姻中的责任会把爱情的快感降低，但是你能因此就选择退货吗？

通常你只能选择接受这种不纯粹的爱情，并且把它装饰得更加精美。虽然说“婚姻是爱情的坟墓”，但是你有勇气始终维持没有婚姻的爱情吗？没有哪个女人愿意长期地坚持这种没有保障的“爱情”。再说，爱一个人就要给她保障，给她安全感，不想给女人婚姻的男人不是真正爱这个女人的。同样，不懂得在婚姻中用各种各样的“手段”去维护爱情、经营婚姻的人也是不负责任的。土地尚且需要耕耘，何况是婚姻？怎样去经营自己的婚姻、用什么“手段”来维护和经营婚姻会让我们的爱更持久更有活力？这就需要我们在日常的生活中慢慢去发现。

★学会欣赏他的优点，而不是试图改变他。每个人都有不同的成长环境和生活经历，这一点造成了他的性格和行为模式，因此试图改变一个人是不现实的。每种性格都有它的优点，尝试去欣赏，而不是抱怨或试图改变他。

★你要舍弃大把玩乐的时间，把大量精力花在家庭之中。常常有女人抱怨，我结婚以前是多么自由潇洒，每个月发了工资，首先犒劳自己买一大包衣服，一年至少有三次会去国外旅游，下班时间会和小姐妹们去蹦迪，去酒吧唱歌跳舞。可是看看我现在过得是什么日子？每个月的工资都要计算着花，要储存应急准备金，要节约用钱；现在旅游的地点都选在了国内，一年也就那么一次；现在每天一下班就是赶回家匆匆忙忙地处理家务，洗菜做饭，有时还要看男人的脸色，每天都在委曲求全。可是男人也在抱怨，原来和一帮哥们通宵玩乐，抽烟喝酒也没人管，有大把漂亮的女孩子追求也没人追问。可现在自己的工资要养家，回家晚一点要受老婆的审问，烟酒都是限量供应的，多抽一点多喝一点就会遭老婆抱怨。对，这一切就是家庭的责任，你们不应该为此抱怨，而应该想一想你们因为婚姻享受到了什么福利：你们不再寂寞了，下雨的晚上会有一个人为你温床；受了什么委屈，会有人听你们倾诉；男人回家就可以吃到可口的饭菜，女人想出去玩，就有个免费的车夫。婚姻有这么多好处，难道你们不应该为这些好处付出一点什么吗？

★找到有效的方法处理家庭的矛盾，找到两个人最舒服的相处模式。

两个人一起生活，争吵是难免的，找到有效的办法处理家庭的矛盾，就能够让两个人最大限度地避免争吵。有人说“相处的艺术，就是妥协的艺术”，想要和对方好好相处，就要建立一个合理的妥协机制。要么承认你错了，要么承认你们之间的分歧不可避免，达成一致必须折中；两个人谁都不想折中就要考虑更行其事，互不干扰。这就是“妥协的艺术”，也是你们婚姻中必须达成一致的相处方法。对方下班后不想说话，不一定代表他有什么事，也许只是想自己呆一会，你愿意的话可以替他泡杯茶或者煮一杯咖啡，在这个时候不停地问发生了什么事，会让你们之间的默契感减少。其实只是因为工作一天非常累，这时对方喜欢自己上网或者一个人发呆，你就给对方一个空间就好了。

★把自己的权利和自由放在婚姻之下，你有权利选择出去玩，可是如果与你的婚姻有抵触之处的话，你必须先考虑婚姻。每个人都喜欢漂亮的异性，可是婚姻注定了你已经没有了追求的权利和自由，当你想做某一件事情的时候，想一想和婚姻是否有冲突，然后再做决定，你就真的成熟了。

对婚姻，无论男女都要有更充分、更深刻的认识，才能更好地经营自己的婚姻，才能把家庭婚姻构建得更加和谐完美。

※点滴尽显爱意，让情慢慢流淌不息

夫妻之间的生活平淡而琐碎，完全不像你婚前想象的那样激情、浪漫、快乐，这只不过是生活的本来面目。女人总会为生活不如预期想象的那样激情四射而耿耿于怀，其实从那些生活当中的细微之处，总有种种让人感动的小事情会折射出温情的光辉，让你为之感动，让你们的感情渐渐升华。

当他不忍打扰你休息而轻轻地踮起脚尖走路，当他因为一个你不舒服的电话匆匆忙忙赶来，当你们共同捧起孩子的笑脸亲吻，当你们隔着棉被牵起手睡觉，当狂风大作雷雨交加的晚上，他轻轻地为你掖被子，总有细细的感动从你的心中慢慢涌起。只要有一颗敏感的心就能够感受到这一切，感情总是从生活中的细节处体现和升华出来的，女人要学会利用一些小事情，让你们之间的感情得到升华，让你们从“激情”走向“深情”，也要学会从一些小事情当中感受他对你的浓浓爱意。

★为他改掉自己习惯的或者非常喜欢的东西。记得女友曾经向我讲过一件事，她结婚之前特别喜欢吃虾皮冬瓜饺子，于是婚后也做给老公吃，老公每次都恹恹的，她总要劝他不要偏食。直到有一次他们两个回家，婆婆告诉她，儿子不能吃海产品，甚至吃一小块鱼虾也会过敏，女人就再也不做了。很久以后，男人突然问她：“你怎么不吃虾皮了呢？”“你不是对虾过敏吗？当初怎么不告诉我？”“我怕你知道后自己也不吃了。”“其实，我还是吃，不过我不愿当着你的面吃，因为我知道你也喜欢，可是你过敏，我怕馋着你。”两个人的感情就在这样一件小事中变得更加深厚了。

★在外人面前给他留面子。男人在外人面前与你起了争执，这时候千万不要对他反唇相讥。给他留一点面子，这会让他对你非常感激。回家之后他会向你道歉并说明原因，这时候闪动着眼中的泪花委屈地告诉他“我知道”，会比责骂更让他感动。

★在他喝醉酒、众人嘲笑他时维护他。男人在喝醉酒时，虽然意识模糊，但是他的头脑有时候会比平时更加清醒，绝对会对你的维护之言记得一清二楚。当众人嘲笑他时，你对他的维护，就是对他最大的帮助，你对他的认同，就是对他最大的鼓励。这时候，他会更加感激你，加倍地爱你，你们的感情自然也就得到了升华。

★体贴入微。不仅要照顾他的身体，还要学会体贴他的心灵，读懂他的喜怒哀乐；不仅要顾及他的冷暖，还要照顾他的尊严；不仅要对他好，还要对他的父母亲人，他身边的人好一些。

同时你还要学会感受男人细节之处的爱，虽说男人是粗心的，虽说男人大多没有情调，但是男人对你的关怀常常融入日常生活中的一些小事里面，既温情，又含蓄；既羞涩，又温馨，有时需要你有一颗温润的心才能感受到。仔细观察你的男人在日常生活中的一些小细节，就知道他到底有多爱你。

★冷的时候，他会先脱下自己身上的衣服披在你身上，即使你自己的衣服就放在旁边的柜子里。

★走在车辆川流不息的街上，他总是走在你的左边，有时会拉住你的手，有时只是默默地注视着你。记得当初和先生恋爱，我们去散步的时候，一辆逆行的摩托车呼啸而来，他一下把我抱了起来，摩托车在我原本站着的地方，贴着我们俩呼啸而过。那一刻，平时斯文的他忽然脱口大骂那辆差点肇事的摩托车，然后还训了我一顿，我才发觉，他的胳膊竟在微微发抖。之前，总觉得他的爱于我来说是一块鸡肋；至此，我才觉得原来他是这样深地爱着我，终于答应了他结婚的请求。

★他总是比你早记起你的生日，他记得你的生理期，并会在此期间叮嘱你多喝热水，多穿衣服，自己把所有的脏衣服洗掉，而平时这样的事常常是你来做的。

★他会在你醒迟了的早上，在你梳头的时间里为你倒好洗脸的热水，帮你挤好牙膏，帮你准备早餐并整理好你上班需要的东西。

★吵架了，看到你的眼泪，他总是第一时间嬉皮笑脸地给你赔罪，一点儿都看不出不好意思，还故意惹出你更多的眼泪。你越捶打他，他越是傻笑着不知道应对些什么。

男人的感情表达可能很含蓄，但是心疼一个女人绝对能从一些小细节看出来，如果你们之间的生活少了一些温馨的小细节，只剩了琐碎的是非，那么，这场婚姻是失败的。

小细节虽然微不足道，但却最让人感动。婚姻生活本来就是由很多细节来填充的：牵手、拥抱、亲吻、抚摸、赞美、眼神……细节是爱情的血肉，有了细节，爱情才能润泽饱满，充满张力，感情才能慢慢升华。女人要学会为你们的婚姻创造感人的细节，也要学会享受婚姻中那些令人感动的小细节，这样你才会懂得知足，懂得惜福，你们的婚姻才会更稳定，更幸福。

适当放手，给他特定的空间

在《圣经》中，神对男人和女人说："你们共进早餐，但不要在同一碗中分享；你们共享欢乐，但不要在同一杯中啜饮。像一把琴上的两根弦，你们是分开的也是分不开的；像一座神殿的两根柱子，你们是独立的也是不能独立的。"这段话，对于婚姻有莫大的借鉴意义。如果你能清楚地理解这句话，就知道了夫妻之间相处的原则：婚姻中不要对你的伴侣有过多的控制欲，在该放手的时候，就要舍得放手。

就像你教孩子学走路，明明担心他自己走要摔倒，还是会松开他的手，让他摇摇晃晃地迈出自己的第一步。老公和孩子一样，你舍不得放开常常是因为担心他，怕他经不住诱惑，一方面是因为担心自己没有足够的魅力，另一方面也是因为对你们的婚姻没有足够的自信。这样严格的“控制”将会引起他的反感，引起他的叛逆，甚至会不由自主地“反控制”，对于你们的婚姻是没有任何好处的。

女人要学会对自己的老公放手，具体表现在以下几方面。

★当他在自己的社交圈子里活动时，不要总是让他带上你，否则就怀疑他“另有所图”。男人有自己的工作圈和社交圈，正像你也有自己的，难道你和自己的小姐妹出去吃饭、跳舞，也要带上老公吗？难道你和闺蜜聊聊私事，也要让老公在场吗？既然你不愿意，你有不方便的地方，那理所当然地他也会有不方便的地方，而并非是什么“另有所图”。三天两头找个借口到老公的单位转一圈，时不时打个电话侦查老公的动向，让他周围的同事帮助盯梢，有一点风吹草动就捕风捉影，这样无理取闹的行为更不要发生。让你们周围的人看足了笑话，也让老公看扁你，何苦呢？

★当他希望在特定的时间里自由活动时，给他自由吧。比如，让他享受一个人的星期天，一个人的发呆时光，一个人玩游戏，一个人的旅游，不用总是和你一起活动，让他偶尔重温下单身的时光。相信他不会做出什么事情来，如果他真的珍惜你们的家庭，珍惜你对他的信任。

★让他根据自己的眼光去选择他自己的东西。女人常常喜欢为自己的男人添置行头，通常从外衣衬衫到内衣内裤、领带鞋袜，都由女人去置办；即使是两个人一起买，男人也要服从女人的品位。男人也有自己的爱好，有的男人看起来成熟稳重，可是偏偏喜欢很幼稚的东西，比如喜欢看小时候的动画片，喜欢穿卡通的睡衣，喜欢猪耳朵的拖鞋等。这时候，关乎他面子的东西不妨由你来选择，但是对于他的特殊嗜好以及无关大雅的东西，则不妨放手让他处理。

★让他掌控一些财政大权。有的女人对于金钱很在意，常常家中的一切开销都由自己做主，男人口袋里的零钱是女人给的，每一笔开销都要向自己汇报。于是，男人常常会选择存一点私房钱，这些就成了家庭战争的导火索。其实男人想拥有部分"财政大权"，不过是不想做起事情来碍手碍脚，显得自己没有尊严，并非一定另有所图。女人要学会让男人也有一部分金钱的支配权，否则就会让男人产生反感。

也许在女人看来，既然成了夫妻，两个1/2加起来就变成了1，所以她必须知道另一半的一切，包括一些细节，可是并非所有的男人都会这样认为。如果他一直追问你的一切，包括一些细节，和什么人在一起，说什么话，花多少钱，即使是和同性，想必你也不能忍受。

过强的"控制欲"刺伤的不完全是伴侣，还有自己——随时处于焦虑紧张的状态之下而不能自制，这样的婚姻对于两个人都是一种折磨。因此我们必须要学会适当地放手，让他有一些自己的生活和空间。

✻让吸引更强烈些，男人的心随你摇曳

男人总说"家花没有野花香"，为什么？所谓"久处芝兰之室而不闻其香"，可能是闻习惯了，就感觉不到它的香了，这时候，就算闻见野蒿草可能都觉得另有一番风味。出现了审美疲劳，自然就会感觉失灵。面对见异思

迁、喜新厌旧的男人，女人要想方设法吸引他的嗅觉，让自己像一幅百看不厌的图画，百读不倦的书卷，永远吸引他的注意力。

怎样才能做到这一点呢？女人需要向“野花”多多学习。

★野花善解人意：遇上了一朵善解人意的解语小花，愿意倾听自己的烦恼，愿意用崇拜、敬畏的眼光仰视自己，无尽地付出不求回报。遇到这样的女人，管它家花野花，收入自己的囊中，就多了一个知心人、解语花，男人是禁不住这样的诱惑的。其实婚姻中的女人绝对比外面的女人更有优势，主动地体贴关怀老公，不应该是妻子的分内之事吗？通常情况下，男人不太愿意把自己的心里话都说出来，因为顾及到自己的自尊，也因为不想增加你的烦恼。就算遇到再痛苦的事，他们通常也只会借酒消愁。这时做妻子的要主动关心他，体贴他，多和他说说心里话，不要因为他暂时的脆弱而嘲笑他。这时候就算他不会全盘托出，也会说个大半，用心倾听他的倾诉，就是成功。安慰他，让他感到你的支持和家庭的温暖，你自然就走进了他的内心，成为他的知心人。

★野花仪态万方，妖冶动人，给男人巨大的诱惑。很多女人一旦结婚生子之后，对自己总是很苛刻，衣服一年到头不舍得买一套，妆容打理起来也总是漫不经心。为了节约金钱供房子、养小孩，自己却熬成了黄脸婆。还有的女人在外面美妆华服，回家就洗去妆容，换上家居服，往沙发里一窝开始看电视，头也懒得疏，仪态姿势也随随便便、大大咧咧。偶尔如此也无所谓，家里毕竟是放松的地方。可是长期如此，老公天天在外面看的是别的女人的精装版，回家却总是看到自己老婆的简装版，谁能没个想法？其实女人也有自己精装的一面，不过都给别的男人看去了，自己老公岂不吃亏？所以，偶尔疼自己一下，买几套漂亮衣服，画一个精致的妆容，让老公也看看你精装的一面，绝对不比外面的野花少一分娇艳。

做妻子太端庄，也会少了一点娇俏的女人味，做妻子在外人面前要端庄，在自己老公面前却可以千娇百媚。灵动活泼的小女人味，撒娇扮嗔的娇柔味绝对比淑女味更能吸引男人。

★野花聪明有智慧，有气质。女人漂亮还不行，还要有气质和智慧，要优雅动人，一举手一投足都透露出别样的风情。男人大多数都希望自己的娇妻聪明伶俐，有智慧有自信，与自己有共同的雅好、共同的生活热情。女人要多读书，不断提升自己，“腹有诗书气自华”，书读得多了，气质自然就提升了，智慧也就相应的有了。容颜总有老去的一天，而学识却会越积累越多。

★野花新鲜，和自己的老婆截然不同。和自己的伴侣待在一起的时间长了，男人不可避免地会产生审美疲劳。这就要女人们偶尔尝试着变化，没有一个男人喜欢整天重复的一副面孔，试着不时改变一下形象，尝试各种时尚元素，让男人在心里对你时刻保持新鲜感。

和男人保持一定的距离，时不时地出趟差，来个“小别胜新婚”；拥有自己的空间和朋友圈子，给男人也留一点空间，让他不要有已经把握住你、已经降服你的感觉。这样男人就会产生一种永远追逐的刺激感和新鲜感，才能对自己的老婆欲罢不能。与其让他有精力追逐那些婚外的女人，不如让他把精力花费在自己身上。

★野花潇洒自由，无羁无绊，令人欣赏。这是婚后的男人最欣赏的一种特质，你也可以维持自己的朋友圈，维持自己的兴趣爱好，兴致来时，拉了行李箱出去潇洒一圈，不要把自己的所有精力都用在老公孩子身上，自己变成了黄脸婆还得不到任何人的感激。知道了缺少你家庭是什么感觉，他才会知道你为这个家付出了多少，才会更加珍惜你，更加珍惜家的温馨。而你也能因此享受更多的自由和自我性情，有性格懂享受的女人更能赢得男人的尊重和怜惜。

婚后女人要用自己的聪明才智，令你的老公对围城内的旖旎风光欲罢不能，然后你才可以抽丝剥茧地抽去他时时涌动的猎艳的私心杂念。当男人时时嗅到那属于你的独特芬芳的时候，就会自然地淡去"嗅野花"的闲心。

❋解除爱情魔咒，跨越"七年之痒"

"七年之痒"是一个魔咒吗？很多人觉得婚姻的第七年真的就是一个无法跨越的年头，婚姻中很多问题都是在这一年里显现出来的。其实如果我们仔细观察就会发现，这些问题平时就已经存在了，只不过在婚姻的第七个年头容易集中爆发出来。"七年之痒"不是一个魔咒，只要我们有足够的耐心和爱心，就可以把这个魔咒很好的解除。

"七年之痒"其实是一个舶来词，原本的意思是，很多事情在发展到第七个年头的时候，都会不以人的意志为转移出现一些问题，感情、婚姻、生活、工作都是如此。其实"七年之痒"的关键在于人的厌倦心理，在同一个环境太久了，难免会觉得厌烦、无聊，难免会生出一些别的想法。因此应对婚姻中的"七年之痒"，就必须针对人的这个心理特点，对症下药才能收到奇效。

★尽量不要让婚姻的第七个年头和做同一份工作的第七个年头赶在一起。可以想象，一个人如果七年如一日地做着一份工作，职业发展没有起色，那是一种多么厌倦和绝望的感觉。如果这个时候，你对他缺乏关怀、忽略淡漠，他是很容易生出别的念头的。而如果这时候，你们是新婚燕尔、婚姻的快乐会冲淡工作上的不快，你们之间的激情能够弥补工作上的厌倦心理。或者这时候你们已经在一起很长时间了，他会生出一种依恋的感觉，既然工作已经无望，那在经营婚姻方面表现出自己的出色，也是一种人生的成功。不要让所有的矛盾、麻烦在同一个时间爆发，是避免婚姻“七年之痒”的好方法，否则很容易把一个人、把原本脆弱的婚姻击垮。

★善于从平淡当中发觉浪漫和激情。结婚久了，新鲜感丧失，恋爱时的浪漫与激情便会逐渐被平实、琐碎的生活细节所代替，而当初双方曾费尽心思掩饰的缺点以及在理念上的不同，此时都充分地暴露了出来。于是就开始不断地摩擦、争吵，甚至是厌倦与失望。在生活中多多制造一些浪漫的小惊喜，让你们的婚姻留下一些可资回忆的美好片段，不断为婚姻注入新的激情和浪漫，对爱人多一份温情和关爱，会更容易度过婚姻的厌倦期。

★不要为孩子而忽略丈夫。两个人有了孩子后，女人常常会把自己所有的精力都放在孩子身上，而忽略了丈夫的感受。其实有了孩子后，女人更应多想一下为丈夫做些什么，哪怕是最小的事情，一个拥抱，一个笑容，一个亲吻，让他体会到女人的温情，才能有效地避免男人那颗不安分的心因备受冷落而蠢蠢欲动。爱孩子并没有错，但是男人在感情上比孩子还要脆弱，你不重视他，双方的感情就会逐渐变淡。虽然新生儿带来的喜悦也许会冲淡这一份冷落，但是时间长了，对夫妻双方的感情是没有好处的。

细心地引导丈夫帮你照顾孩子，让他也分享你照顾孩子的乐趣，会为你们的“一家三口”带来更加其乐融融的感觉。不断地说一些“你看咱们的宝贝多可爱啊”这样温情的话语，会让他感受到家的温情和关爱，会让他更珍惜现在的一切。

★及时反思自己的行为。中国有句俗话叫“熟人不讲理”，由于彼此太过于熟悉，在表达的时候，往往不注意对方的感受和表达方式，很容易刺伤对方。“七年之痒”背后掩盖的是人情感的变化，是人对婚姻的态度。在婚姻中摆正自己的位置，不断反省自己的行为，重视他的感受，少一些抱怨，少一些固执，多一些理解和宽容，就会让婚姻少很多波折。遇到不愉快时要及时反思：现在的我到底怎么了？我和他之间到底出现了什么问题？然后要想办法解决，而不是一味地压抑及忍耐。其实不只是婚姻，很多事情到了一定的阶段，都会出现问题。学会及早反思自己的错误，并能够及时改正的人更容易渡过生活中的各种“痒”。

“七年之痒”实际上是婚姻的一个台阶和分水岭，过了这个阶段，感情的深度会跃上一个新的台阶，出现“质”的变化，完成从“激情”到“深情”的转化。智慧的女人一定要让自己学会正视这个问题，采用更多的办法，更全面的手段来维护自己的婚姻。

从容淡定，用平常心做个好妻子

每个女人都希望自己能做一个好妻子，“好妻子”似乎对女人要求很多，既要温柔贤淑，又要能够吸引自己的爱人还要照顾好家庭和孩子。似乎无论怎样做，自己总是差一点。其实完全可以不必这样想，每一个婚姻都有它自己的模式，两个人之间，只要你们之间相处愉快，就是最好的。

做一个好妻子，对每一个家庭来说，都有不同的标准，很多婚姻都是“一个愿打，一个愿挨”的，重要的是，你要找到自己的婚姻中存在的问题，或者说让你们两个都感到不舒服的地方，在这些地方做一些改善，才会让你的婚姻更美好，更享受。良好的心态是婚姻成功的基础，否则就算你参加再多的“婚姻培训班”，也不可能让你们的家庭更幸福。怎样做一个好妻子，做一个好的家庭主妇？其实很简单，你只要明确下面几点就可以了。

★有冲突不要紧张。夫妻两个人作为两个独立的个体，肯定有不同的生活方式和消遣方式，有不同的兴趣爱好。所以两个人不可能永远同时、同步产生相同的欲望和需要。冲突或迟或早、或大或小总要出现，并不可怕。女人要一方面增加夫妻间的默契，让两个人更加和谐，一方面也要理解这种差异是必然的，一个时期内的不协调是正常现象。不要对此过于紧张和忧虑，否则，整天战战兢兢，害怕被丈夫讨厌或遗弃，处处讨好，更容易让丈夫产生厌烦和疑虑。女人要对自己的婚姻、对你的伴侣、你的家庭有足够的信心，相信你们两个会因为彼此间的差异和冲突而更爱对方。

★对婚姻的期望不要过高。女人都是理想主义者，总认为自己的婚姻应该是最完美的，因此处处追求完美，追求和谐。殊不知过高的希望会造成很大的压力，给家庭成员之间造成更多沉闷的感觉。你的丈夫会因为你的心高气傲而有更大的压力；你的儿女也会因为你的高标准严要求，而感觉自己的家庭并不那么美满、幸福。你想象中的幸福其实是不存在的，而平凡的幸福都被你自己忽略了。

保持一颗平常心，从容淡定，尽力将自己做到最好，平衡好工作、生活、爱人、孩子之间的关系，你就能成为一个好妻子。

参考文献

[1]彭晶.聪明女人必知的男人心理学[M].北京:中国纺织出版社,2010.